R Oehler

Bilderatlas zu Cäsars Büchern de bello Gallico

R Oehler

Bilderatlas zu Cäsars Büchern de bello Gallico

ISBN/EAN: 9783744681964

Hergestellt in Europa, USA, Kanada, Australien, Japan

Cover: Foto ©ninafisch / pixelio.de

Weitere Bücher finden Sie auf **www.hansebooks.com**

BILDER-ATLAS
zu
CAESARS BÜCHERN DE BELLO GALLICO
MIT ÜBER 100 ILLUSTRATIONEN UND 7 KARTEN.

(C. JULIUS CAESAR, KOLOSSALKOPF IN NEAPEL.)

HERAUSGEGEBEN VON
DR. RAIMUND OEHLER,
ETATSMÄSSIGEM LEHRER BEIM KÖNIGLICHEN CADETTENCORPS.

LEIPZIG 1890.
VERLAG VON SCHMIDT & GÜNTHER.

VORWORT.

In dem vorliegenden Atlas ist zum ersten Male versucht worden das Denkmälermaterial nicht bloss für das römische Kriegswesen bei Caesar, sondern auch für gallische Tracht und Bewaffnung möglichst vollständig zusammenzustellen; auch germanische Tracht und Bewaffnung ist berücksichtigt worden. Nur da, wo die Denkmäler im Stiche liessen und das Verständnis des Textes es erforderlich zu machen schien, ist zu Wiederherstellungen gegriffen worden, dieselben sind aber stets als solche kenntlich gemacht.

Um das Buch nicht zu sehr zu verteuern, musste von einer durchgängigen Neuanfertigung der Abbildungen, wie sie der Verfasser am liebsten gewünscht hätte, Abstand genommen werden: Die aus anderen Werken entnommenen Abbildungen sind durch Buchstaben kenntlich gemacht. Es bedeutet:

B. = Baumeister, Denkmäler des klassischen Altertums, München und Leipzig 1884—1888.
D. = Duruy, Histoire des Romains, Paris 1879—1884.
v. G. = von Goeler, Caesars gallischer Krieg und Teile seines Bürgerkriegs, 2. Aufl. Freiburg i. Br. 1880.
I. M. = Iwan Müller, Handbuch der klassischen Altertumswissenschaft, Nördlingen 1886 ff.
L. = Lübke, Grundriss der Kunstgeschichte, 9. Aufl. Stuttgart 1882.

Dagegen sind bei den neu angefertigten die Quellen vollständig angegeben.

Von seinen Vorgängern unterscheidet sich das Buch besonders dadurch, dass den Abbildungen ausführliche, auf das Verständnis der Schüler berechnete Erläuterungen beigefügt sind. Die vorausgeschickte Einleitung orientiert unter stetem Hinweis auf die Abbildungen über das Kriegswesen (Heer und Flotte) Caesars und über die gallische Tracht und Bewaffnung. Beigegeben sind sieben nach Napoleon III. und Albert von Kampen neugezeichnete Pläne.

Benutzt sind für die Einleitung vorzugsweise folgende Bücher:
J. Marquardt, Römische Staatsverwaltung, Bd. II, 2. Auflage, Leipzig 1884. — F. Fröhlich, Das Kriegswesen Caesars, I. Schaffung und Gestaltung der Kriegsmittel, Zürich 1889.*) — W. Dittenberger, Einleitung zur Fr. Kranerschen Ausgabe der commentarii de bello Gallico. 14. Auflage. Berlin 1886. — R. Schneiders Jahresberichte über Caesar in der Zeitschrift für das Gymnasialwesen.

Für die Erläuterungen:
L. Lindenschmit, Die Altertümer unserer heidnischen Vorzeit. I — III. Mainz 1866—1889. — Tracht und Bewaffnung des römischen Heeres während der Kaiserzeit. Braunschweig 1882. — Deutsche Altertumskunde, I. Braunschweig 1880—1889. — W. Froehner, La Colonne Trajane. Paris 1873—1875. — A. Müllers Artikel „Festungskrieg und Geschützwesen" und „Waffen" in Baumeister, Denkmäler des klassischen Altertums, München und Leipzig 1884—1888.

Die nur für einzelne Punkte in Betracht kommenden Werke sind an den betreffenden Stellen in den Anmerkungen genannt.

Den Herren Dr. M. Fränkel, Direktor Dr. von Sallet von den Königlichen Museen in Berlin und dem Direktor des Musée national von St.-Germain-en-Laye, Herrn Salomon Reinach, ist der Verfasser für freundliche Auskunft zu grossem Danke verpflichtet, ebenso seinem Kollegen, Herrn Dr. B. Landwehr, besonders aber seinem Bruder, dem Oberlehrer Dr. Waldemar Oehler in Leipzig, der die Revision mit übernommen hat.

Der Verfasser hofft, dass sein Buch mit dazu beitragen möge, das Interesse an den klassischen Schriftstellern bei unserer heranwachsenden Jugend zu heben und zu fördern. Sollte es, wie sein Wunsch ist, freundliche Aufnahme finden, so werden ähnliche Bilderatlanten zu anderen klassischen, in der Schule gelesenen Prosaschriftstellern in kurzer Zeit folgen.

Gross-Lichterfelde, im Juni 1890.

RAIMUND OEHLER.

---

*) Teil II und III, 1 konnten leider nicht mehr benutzt werden, da bei ihrem Erscheinen der Druck bereits vollendet war.

Das römische Kriegswesen bei Caesar.

Das Heer.

Caesars Heer setzt sich zusammen aus I. *pedites* oder *milites* schlechthin, II. *equites*.

Die pedites sind entweder A) *legionarii* oder B) *auxilia*.

A) Die *legionarii* sind, abgesehen von Ausnahmefällen in den Bürgerkriegen, geborene römische Bürger; aus ihnen werden die *legiones* gebildet, deren Stärke rund 6000 Mann betragen soll, in Wirklichkeit aber schon im ersten Kriegsjahre durchschnittlich nur 4000 Mann, später noch weniger beträgt.

Eingeteilt wird die Legion in *10 cohortes*,
  1 cohors in *3 manipuli*,
    1 manipulus in *2 centuriae*.

„Die eigentliche Unterabteilung der Kohorte ist die Centurie (auch *ordo* genannt), sie bildet die administrative Einheit, eine Fahne führt aber erst der Manipel, der als taktische Formation in Geltung blieb."[1])

a) Die Bekleidung des Legionars besteht aus Schuhen *(caligae)*, aus einem wollenen, über der Hüfte gegürteten Untergewand mit kurzen Ärmeln *(tunica militaris)* und aus einem weiten wollenen Mantel *(sagum)*, der auf der rechten Schulter durch eine Spange *(fibula)* zusammengehalten wird, so dass der rechte Arm frei bleibt. In dieser Kleidung — Interimsuniform hat man sie passend genannt —, die der Legionar im täglichen Dienste und ausser Dienst trägt (Abb. 7, vgl. b. c. I, 75, 3.) unterscheidet er sich vom Civilisten nur durch den mit Metall beschlagenen Ledergurt, über welchen metallbeschlagene Riemen zum Schutze des Unterleibs herabhängen *(cingulum militiae)*; derselbe dient ihm zugleich als Wehrgehenk.

---

[1]) v. Domaszewski, die Fahnen im römischen Heere. Wien 1885, S. 22.

Zum Schutze gegen Regen und Kälte tragen die Soldaten über der *tunica* die *paenula*, einen aus starkem Wollstoffe oder Leder gefertigten, meist mit einer Kapuze (*cucullus*) versehenen Überwurf. Auf der Brust ist sie durch Haken oder Knöpfe geschlossen; ihre Zipfel fallen frei herab. (Abb. 8.)[1]

paenula

b) Die **Bewaffnung** des Legionars besteht aus Schutzwaffen (*arma*) und Angriffswaffen (*tela*).

Bewaffnung: arma, tela.

Die **Schutzwaffen** sind:

Schutzwaffen:

α) der vorn offene[2], mit Wangenbändern (*bucculae*) und Busch (*crista*) versehene Metallhelm (*galea*)[3]; der Busch wird erst zu Beginn des Kampfes aufgesteckt.

galea.

β) der Panzer (*lorica*), der wenigstens teilweise aus Metall bestanden haben muss; doch ist es ungewiss, welchen Panzer Caesars Soldaten getragen haben. In Betracht kommen wohl weniger der Ringpanzer (*lorica hamata* Abb. 18) und der Schuppenpanzer (*lorica squamata* Abb. 19) als der Plattenpanzer (die sogenannte *lorica segmentata* Abb. 28 u. a.) und der Lederpanzer (Abb. 1 u. a.)

lorica.

γ) der 1,25 m. lange und 0,78 m. breite viereckige, rinnenförmig gewölbte Schild (*scutum*), der aus zwei aufeinander geleimten Bretterlagen gefertigt, mit Leinwand und darüber mit Rindshaut bezogen, an den Rändern mit Metallbeschlägen eingefasst und in der Mitte, wo innen die einzige Handhabe liegt, aussen durch einen Metallbuckel zum Schutze gegen Geschoss und Schwert verstärkt ist. (Abb. 1; 29; 30 und öfters.)

scutum.

Die **Angriffswaffen** sind:

Angriffswaffen:

α) der 1,70 m. bis 2 m. lange hölzerne, mit einem 0,60 m. bis 1 m. langen Eisen versehene Wurfspeer (*pilum*); vgl. die Abbildungen 23—25 und die eingehende Beschreibung der Waffe.

pilum.

β) das kurze, gerade, zweischneidige, mehr zum Stoss als zum Hieb verwendete spanische Schwert (*gladius Hispanus* Abb. 21), das in feldmässiger Ausrüstung an einem von der linken Schulter zur rechten Hüfte hinablaufenden Bandelier (*balteus*) getragen wird (Abb. 1; 35.)

gladius Hispanus

balteus.

---

[1] Dass Caesars Soldaten die *paenula* getragen haben, wissen wir aus Seneca de beneficiis V, 24.

[2] Ein Visierhelm auf Taf 1 Abb. 5.

[3] Die zu Alesia gefundenen Helme sind nur aus Eisen (vgl. Verchère de Reffye in Revue archéologique 1867, X. S. 340); der Fig. 17 a. b. abgebildete ist grösstenteils aus Eisen, bloss die Beschläge und Nietnägel sind aus Erz. — *galea* nennt den Helm der Legionare Cicero Tusc. II, 16, 37.

Ausser seinen Waffen hat aber der Legionar noch Gepäck (*sarcinae*) zu tragen im Höchstgewicht von 60 römischen Pfund (= 20 Kilogramm). Dies besteht aus Getreide (*cibaria*) auf mindestens einen halben Monat, aus Schanzpfählen (*valli*), Sägen, Körben (Abb. 31), Spaten, Beilen und Kochgeschirr. Um diese Last zu erleichtern, liess Marius die *vasa* und *cibaria* an einer Stange auf der Schulter tragen (Abb. 47.). So konnte der Legionar das Gepäck bei Beginn des Kampfes rasch ablegen, um *expeditus*, „gefechtsbereit" zu sein. Werden die *sarcinae* nicht im Lager zurückgelassen, so wird eine besondere Abteilung zu ihrem Schutze kommandiert.

Nur das schwere Gepäck (*impedimenta*), wie Zelte, Handmühlen, Kriegsmaschinen, Waffen, Vorräte und dergl. wird auf Wagen (Abb. 29; 30) und Saumtieren (*iumenta* und *impedimenta*) fortgeschafft, welche eine grosse Zahl von Trossknechten (*muliones*) erfordern. Die *muliones* gehören ebenso wie die *calones* dem Sklavenstande an; unter letzteren sind im allgemeinen die Bedienungsmannschaften, namentlich die Offiziersburschen und Pferdeknechte (Abb. 13) zu verstehen.[1] „Freigeboren dagegen oder freigelassen sind die *mercatores* und *lixae*; erstere kaufen den Soldaten die Beute ab und verkaufen ihnen Lebensmittel, die sie nicht geliefert erhalten; der Name *lixae* begreift alle übrigen Nichtsoldaten, die dem Heere des Gewinnes wegen folgen. *Mercatores* und *lixae* lagern ausserhalb des Lagers in der Nähe der *porta decumana* (b. G. VI, 37, 2); auf dem Marsche schliessen sie sich gewöhnlich der Nachhut an."[2]

Die **Führer** der Legion sind 1) Unteroffiziere, 2) Offiziere. Beide Klassen sind scharf gesondert wegen der Verschiedenheit ihres bürgerlichen Standes.

1. Die durchweg der *plebs* angehörenden **Unteroffiziere** (*centuriones*), die wie heute von der Pike auf dienen und denen die Beförderung zu den Offizierstellen verschlossen ist, sind die Führer der Centurien; sie werden vom Feldherrn ernannt und befördert. Ihre je nach dem Range verschiedenen Namen rühren noch aus der Zeit der Manipularstellung her. Die sechs Centurionen der ersten Kohorte: der *primipilus*, der *primus princeps prior*, der *primus hastatus prior*, der *primus pilus posterior*, der *primus princeps posterior*, der *primus hastatus posterior*, mit einem gemeinsamen Namen als *primorum ordinum centuriones* bezeichnet, nehmen

---

[1] Fröhlich, das Kriegswesen Caesars. Zürich. 1889. I, S. 56.
[2] Fröhlich, a. a. O. I, S. 59.

den höchsten Rang ein[1]) und bilden ihrer Tüchtigkeit und Kriegs-
erfahrung halber mit den Offizieren den ständigen Kriegsrat des
Feldherrn.

Kriegsrat.

Tracht der Centurionen.

Die Tracht der Centurionen (Abb. 2; 3) besteht, abgesehen von
der *tunica militaris*, dem *sagum* und den *caligae*, die sie mit den Legionaren
gemein haben, aus dem Schuppenpanzer (*lorica squamata*) und dem Helm
mit quergestelltem Helmbusch (*crista transversa*); zum Paradeanzuge
werden Beinschienen (*ocreae*) angelegt. Das Abzeichen der Centurionen
ist der Rebstock (*vitis*).

Lorica squamata, crista transversa.

ocreae.

vitis.

Eine besondere Stellung zwischen den Centurionen und den gemeinen
Soldaten nehmen die *evocati*. Kapitulanten, ein; es sind ausgediente Leute,
die von dem Feldherrn aufgefordert sind, bei besonderen Bevorzugungen
im Dienste,[2]) höherem Sold und Aussicht auf Avancement wieder Dienste
zu nehmen. Diese *evocati* sind meist frühere *beneficiarii* d. h. Soldaten,
die auf Veranlassung eines höheren Offiziers vom gewöhnlichen Dienste
(*munus*; vgl. S. 13) befreit und ihm zur Dienstleistung überwiesen waren.
Dieselbe Befreiung vom Dienste (*vacatio muneris*), haben regelmässig alle
über dem Gemeinen Stehenden[3]) und die *cohors praetoria* des Feldherrn.

evocati.

vacatio muneris.

Offiziere:

2. Die Offiziere sind:

tribuni militum.

a) *tribuni militum*: Jede Legion hat deren 6, die im Dienste ab-
wechseln; sie werden teilweise vom Volke gewählt (*tribuni militum a populo*),
öfter aber vom Feldherrn ernannt (*tribuni militum rufuli*). Es sind junge
Leute aus dem Ritter- oder Senatorenstande, die schon nach ein- oder
zweijähriger Dienstzeit in der Umgebung eines Feldherrn (als *contubernales* oder *comites imperatoris*) mit dieser Stellung im Heere ihre Laufbahn
im Staatsdienste beginnen. Infolge davon haben die bei Caesar erwähnten
mit Ausnahme des einzigen C. Volusenus Quadratus nur wenig Kriegs-
erfahrung, und so erklärt es sich, dass sie in Caesars Heer nicht mehr
wie früher die Legionen, sondern nur Abteilungen derselben führen;
ferner haben die Tribunen die Rechtsprechung sowohl bei Dienstvergehen als bei Streitigkeiten der Soldaten unter sich; ausserdem werden
sie noch zu allerlei Verwaltungsgeschäften verwendet.

contubernales, comites imperatoris.

---

[1]) H. Bruncke, Die Rangordnung der Centurionen, Gymnasialprogr. Wolfen-
büttel 1884.

[2]) Sie waren vom gewöhnlichen Dienste befreit und scheinen auf dem Marsche
Pferde gehabt zu haben.

[3]) Dazu gehören ausser den bei Caesar erwähnten *aquiliferi*, *signiferi* und *bucinatores*; die *tubicines* und *cornicines* (S. 6 ff.), die *tesserarii* (S. 14), die *optiones* oder Vicecenturionen (Abb. 2), u. s. w.; vgl. Fröhlich a. a. O. S. 28 ff.

b) *legati*, welche dem Senatorenstande angehören und auf Vorschlag des Feldherrn vom Senate, der auch ihre Zahl festsetzt, ernannt werden. Die Thätigkeit von Caesars Legaten, „denen wahrscheinlich durch das Vatinische Gesetz Rang und Befugnis eines Propraetors beigelegt wurde",[1]) ist eine vorwiegend militärische: sie kommandieren einzelne Legionen und grössere Verbände teils unter Caesars Oberbefehl, teils selbständig.

In ihrer Bekleidung und Bewaffnung unterscheiden sich die *tribuni* und *legati* wesentlich von den gemeinen Soldaten und Unteroffizieren. — Sie tragen eine rote *tunica militaris*, darüber den sich den Körperformen anpassenden *thorax studios* (d. i. steifer Panzer, so genannt, weil er nicht in dem Masse wie die andern, oben genannten Panzerarten eine freie Bewegung des Körpers zulässt) von vergoldeter Bronze, der am unteren Rande und an den Armausschnitten eine oder mehrere Reihen Lederstreifen zeigt. Als besonderes Abzeichen des Offizierranges ist um den Panzer das *cinctorium*, ein schmales Band von feinem Leder, geschlungen; das Schwert trägt der Offizier meist um *cinctorium*, aber auch um *balteus* immer links, weil er keinen Schild führt. Dazu kommt noch bei den ein Heer kommandierenden Offizieren das *paludamentum*, der purpurne Feldherrnmantel. Die Füsse sind entweder mit Halbstiefeln oder kunstreich verschnürten Sandalen bekleidet. (Abb. 16; 32; 47.)

In einem vertrauten Verhältnisse zum Feldherrn stehen der *quaestor* und der *praefectus fabrum*.

Der *quaestor* wird vom Volke gewählt; er ist eigentlich ein hoher Verwaltungsbeamter, der die Geldangelegenheiten, das Verpflegungswesen und ähnliche Geschäfte unter sich hat, wird aber von Caesar meist wie ein Legat verwendet.

Der *praefectus fabrum* wird vom Feldherrn aus besonderem Vertrauen[2]) für die Dauer seines Amtes ernannt; er ist der Befehlshaber der *fabri*, Pioniere. Diese Arbeitstruppen fehlten in Caesars Heere nicht; ob sie aber zu besonderen Abteilungen ständig vereinigt waren, ist zweifelhaft; sie scheinen vielmehr nur im Bedürfnisfalle zu Arbeiten, die eine be-

---

[1]) Wenigstens heisst T. Labienus bei Caesar b. G. 1, 21 und A. Fufius Calenus (b. G. VIII, 39 u. oft im bellum civile erwähnt) in einer in Olympia gefundenen Inschrift *legatus pro praetore*. Caesar de bello Gallico ed. Kraner-Dittenberger," Berlin 1886. S. 45; Mommsen, röm. Staatsrecht II, 1. S. 688.

[2]) Daher wird er gern zu vertraulichen Sendungen verwendet. Hierüber und über die *fabri* bei Caesar vgl. Fröhlich, das Kriegswesen Caesars I, S. 48.

sondere technische Fertigkeit erfordern, aus den Legionen herausgezogen zu sein (vgl. b. G. V, 11). Sonst werden in Caesars Heere alle Arbeiten durch Legionssoldaten ausgeführt.

auxilia, milites levis armaturae:

B) *auxilia*: Die *milites levis armaturae* in Caesars Heere sind keine römischen Bürger, sondern geworbene oder in den Provinzen ausgehobene oder von befreundeten Fürsten und Völkern gestellte Hilfstruppen (*auxilia*). Sie behalten meist ihre heimischen Waffen, wie die

sagittarii, funditores:

Bogenschützen (*sagittarii* Abb. 8) und die Schleuderer (*funditores* Abb. 61), welche letzteren mit ihren aus Leder gefertigten Schleudern (*fundae*) eichelförmige Bleigeschosse (*glandes*) werfen (Abb. 26). Nur die *funditores* und die in den Provinzen ausgehobenen *auxilia* sind in Kohorten eingeteilt. Befehligt werden die Hilfstruppen von *praefecti*.

praefecti.

equites:

II. *equites*: Caesars Reiterei ist im Gegensatze zu früheren Zeiten nur aus Hilfstruppen gebildet; ihre tüchtigsten Bestandteile, die in Spanien, besonders aber in Germanien geworbenen Reiter, sind samt den ausgehobenen Galliern den Legionen zugeteilt, wo sie Sommer und Winter verbleiben; getrennt von den Legionen sind die von verbündeten Fürsten und Völkern gestellten Reiterscharen, die nach Beendigung der Sommerfeldzüge wohl immer entlassen wurden.[1]) An der Spitze der gesamten Reiterei steht ein römischer Anführer, unter ihm

alae praefecti equitum oder alarum; turmae; decuriones.

befehligen die grösseren Abteilungen (*alae?*) *praefecti equitum* oder *alarum*, die kleineren (*turmae*) *decuriones*. Die *praefecti* sind teilweise, die *decuriones* wohl alle Nichtrömer.

Bewaffnung:

Über die Bewaffnung der Reiterei, die wohl meist die heimische war, wissen wir nur wenig: Die gallische Reiterei führte neben dem

tragula.

Schwerte als Hauptwaffe eine leichte Wurflanze (*tragula*), die auch zum Stosse gebraucht werden konnte (Siehe die beiden Reiter auf dem Relief von Entremont. Abb. 82 a, b); an ihr ist oft eine Riemenschleife

amentum.

(*amentum*) angebracht, um eine grössere Wurfweite und Treffsicherheit zu erzielen. (Abb. 7.)[2])

cohors praetoria:

cohors praetoria: Ausgesuchte Mannschaften der Legionen und der *auxilia* umgeben die Person des Feldherrn und bilden seine Leibwache, *cohors praetoria*. Aber auch junge vornehme Römer treten in dieselbe ein, um als *contubernales, comites praetorii* ihrer Dienstpflicht zu genügen.

---

[1]) Am deutlichsten tritt der Unterschied dieser beiden Gattungen hervor, wenn man b. G. V, 2, 1 und V, 5, 3 vergleicht. Schœbach, die Reiterei bei Caesar, Gymnasialprogr. Mühlhausen i. Th. 1861.

[2]) Caesar b. G. V, 48.

Signalinstrumente: Mit der *tuba*, (Abb. 39) einer geraden Metallröhre von mehr als halber Manneslänge mit Mundstück und Schalltrichter, geben die *tubicines* das Hauptsignal zum Angriff oder Rückzug, das von den *cornicines* auf dem *cornu* nachgeblasen wird. Dieses (Abb. 47) besteht aus einer ziemlich engen, beinahe zum vollen Kreise gebogenen Röhre mit Mundstück und Schalltrichter; der Bläser steckt den Kopf durch die Windung oder hält das Instrument an einem, gleichsam den Durchmesser des Kreises bildenden Stabe.

Mit der *bucina*, über deren Aussehen wir nichts Bestimmtes wissen, geben die *bucinatores* in der Nacht die Signale zum Ablösen der Wachen und zum Beginn des Tagesdienstes.

Das Zeichen zum Beginn des Nachtdienstes dagegen ist das *classicum*: dasselbe wird von sämtlichen Bläsern nur in Gegenwart des Feldherrn in dem Augenblicke geblasen, wenn er nach Aufhebung der Abendtafel sein Gefolge entlässt; das *classicum* ertönt ausserdem noch, wenn der Feldherr die Soldaten zu einer Versammlung (*contio*) beruft, oder das Todesurteil an einem Soldaten vollstrecken lässt.

Die Feldzeichen (*signa*) haben neben der symbolischen vorwiegend eine taktische Bedeutung: „Sie dienen den zugehörigen Soldaten als Richtpunkte, wenn sich in dem stets mit dem Schwerte durchgefochtenen Entscheidungskampfe die Schlachtlinie in eine Reihe von Einzelkämpfen auflöst." Durch ihre Bewegungen, welche der Feldherr durch Signale der *cornicines* leitet, lenkt er die ganze Truppenmasse.

Daher werden im Lateinischen die Bewegungen der Truppen durch die entsprechenden Bewegungen der *signa* bezeichnet, denn die Kommandos werden an die *signiferi*, nicht unmittelbar an die Truppen gerichtet.[1])

Das Feldzeichen der Legion, der auf einer silberbeschlagenen Stange sitzende silberne Adler (*aquila*), steht unter der Obhut des *primipilus* der Legion und bezeichnet den Standpunkt des Befehlshabers der Legion.

Die Legionskohorte hat kein besonderes Feldzeichen, weil sie keinen besonderen Führer hat; denn „zwischen den Abteilungsführern und den Feldzeichen besteht ein wechselseitiges Verhältnis: keinem

---

[1]) So heisst beispielsweise das Kommando zum Angriff: Infer, miles — signum! (Liv. VI, 8, 1); das zum Haltmachen: Signifer, statue signum! (Liv. V, 55, 1). Dieser ganze Abschnitt über Signalinstrumente und Feldzeichen beruht auf von Domaszewskis Abhandlung: Die Fahnen im römischen Heere. Wien, 1885. Vgl. dazu Mommsen in den Archäologisch-epigraphischen Mitteilungen aus Österreich X, 1. S. 1—11.

Abteilungsführer fehlt ein entsprechendes Feldzeichen, und umgekehrt: hat eine taktische Einheit keinen eigenen Führer, so mangelt ihr auch ein eigenes Feldzeichen".

signa der manipuli

Die Feldzeichen der *manipuli* (*signa*) haben auf einer Münze Caesars[1]) ungefähr dieselbe Gestalt wie in der Kaiserzeit. (Abb. 5.) Unter der Spitze der Fahnenstange liegt ein Querholz, von dem Bänder herabflattern, es folgen drei Scheiben (*phalerae*), ein Halbmond und zwei Quasten von eigentümlicher Form. Auf anderen Münzen aus der letzten Zeit der Republik macht den Schluss ein Querholz, an dem ein kleines *vexillum* mit der Bezeichnung des Manipels (H = *hastati*, P = *principes*) angebracht ist.[2])

signa der Auxiliarkohorten.

Die Auxiliarkohorten führen *signa*,[3]) die in der Kaiserzeit denen der Manipeln sehr ähnlich sind (Abb. 6).

Feldzeichen der Reiterei, signa der turmae.

Bei den Reitern muss wenigstens jede *turma* ein Feldzeichen gehabt haben; im I. Jahrhundert der Kaiserzeit besteht ein solches signum aus einer Fahnenstange, an der ein Querholz mit blattförmigen Blechen befestigt ist (Abb. 12). Auf den Ehrensäulen und Triumphbögen erscheint als Feldzeichen der Reiterei die Standarte, *vexillum*. Diese älteste Form des römischen Feldzeichens besteht aus einem viereckigen, unten mit Fransen besetzten Stück Zeug in verschiedenen Farben, das an dem Querholz einer Fahnenstange befestigt ist (Abb. 10).

Das vexillum als Feldzeichen der Detachements.

Abteilungen der Legion, welche detachiert werden, erhalten für die Zeit der Entsendung ein *vexillum*, wonach diese Abteilungen selbst auch *vexilla* heissen (Abb. 47).

Rotes vexillum des Feldherrn.

Endlich giebt der Feldherr durch Aufstecken eines grossen roten *vexillum* auf dem Feldherrnzelte den Truppen das Zeichen ins Gewehr zu treten (ad arma concurrere b. G. II, 20).

Tracht der Fahnenträger und Musiker.

Alle Fahnenträger der Fusstruppen, *aquitiferi* und *signiferi*, und die Spielleute tragen, um den Feind zu schrecken, über dem Helm ein Bärenfell, das sich auch über die Schultern legt und dessen Tatzen auf der Brust befestigt sind (Veget. II, 16. Abb. 47.).

Stand der Feldzeichen.

Stand der Feldzeichen: Auf dem Marsche ziehen die *cornicines* und die *signiferi* dem Heere voran (Abb. 47); vor dem Beginne der Schlacht und beim Angriffe in geschlossener Kolonne scheinen die

---

[1]) v. Domaszewski a. a. O. S. 45, Abb. 36.
[2]) v. Domaszewski a. a. O. S. 45, Abb. 34 u. 35. Natürlich war auf den wirklichen Manipelzeichen ausserdem noch die Nummer der Legion und der Kohorte angegeben.
[3]) Siehe Mommsen a. a. O.

Manipelsigna vor den Manipeln, beim Kampfe dagegen unmittelbar hinter dem letzten Gliede ihrer Manipel gestanden zu haben; im Zusammenhange damit ist *untersignani* wohl nur eine andere Bezeichnung *untersignani* für das erste Treffen, das dann vor allen *signa* steht.[1])

Im Lager ist der Platz der *signa* neben dem Feldherrnzelte (*tabernaculum ducis*) (Abb. 45), wo sie unter einer kleinen Kapelle (*sacrarium, aediculu*) in die Erde gesteckt werden. (Abb. 22.) Dieser Platz ist durch sie geheiligt.

Aufstellung der Legionen: Caesar stellt seine Legionen gewöhnlich in der *acies triplex* d. h. in drei Treffen auf, wobei die vier ersten Kohorten das erste, drei das zweite und drei das dritte Treffen bilden. In jeder Kohorte stehen die drei Manipel nebeneinander[2]), in jedem Manipel die zwei Centurien hintereinander. Neben der Aufstellung in drei Treffen kommt auch eine solche in zwei Treffen (*acies duplex*) zu je fünf Kohorten und in einem Treffen (*acies simplex*) vor.

Aufstellung der Legionen acies triplex.

acies duplex.

acies simplex.

Über die Treffenabstände sind wir nicht unterrichtet, auch nicht darüber, ob Zwischenräume zwischen den Kohorten jedes Treffens bestanden haben. Während des Kampfes hat es zwischen den Kohorten keinesfalls welche gegeben, vielleicht aber zwischen den Legionen, sicher nachweisbar sind sie zwischen dem Centrum (*media acies*) und den Flügeln (*cornua*)[3]).

Treffenabstände und Zwischenräume.

Der Rotten- und Gliederabstand beträgt in der geschlossenen Stellung (*confertis ordinibus*), bei der jeder Mann im Glied und in der Rotte einen Raum von 3 römischen Fuss einnimmt, ungefähr eine Mannesbreite; sollte aber der römische Legionar genügenden Raum zum freien Gebrauch seiner Waffen haben, so musste der Abstand vom Neben- und Hintermann mindestens 3 Fuss betragen, der Mann also in dieser geöffneten Stellung (*laxatis ordinibus* vgl. b. G. II, 25)

Rotten- und Glieder- abstand.

---

[1]) Vgl. Zander, Andeutungen zur Geschichte des römischen Kriegswesens. Ratzeburg 1859, S. 30 und Mommsen a. a. O.; die anderen Ansichten hat aufgezählt Fröhlich, das Kriegswesen Caesars, I, S. 29.

[2]) Nach Rüstow, Heerwesen und Kriegführung Caesars. S. 36—38, dem u. a. Fröhlich, Beiträge zur Geschichte der Kriegführung und Kriegskunst der Römer. Berlin 1896, S. 35—36 und Baron Stoffel, Histoire de Jules César, guerre civile II, 324 ff. beistimmen.

[3]) Vgl. Fr. Fröhlich, Realistisches und Stilistisches zu Caesar und dessen Fortsetzern. Festschrift. Zürich 1887; b. Al. 39, 2.

einen Raum von mindestens 6 Fuss im Glied und in der Rotte einnehmen.[1]

Unter besonderen Umständen werden folgende Aufstellungen nötig:

cuneus 1) Der *cuneus*, die geschlossene Angriffskolonne in Keilform (vorn schmäler als hinten) wird von einer Schar gebildet, um die feindliche Linie zu durchbrechen; diese wehrt ihn ab durch die umgekehrte
forfex Stellung des hohlen Keils (*forfex*) in Gestalt eines \/, welche den Angriff auf die Seiten des eindringenden cuneus gestattet.[2]

testudo 2) Die *testudo* soll ein gedecktes Vorgehen zum Sturme gegen Mauern und Wälle dadurch ermöglichen, dass das erste Glied enggeschlossen sich mit den Schilden nach vorn deckt, während die übrigen Glieder sich und das erste Glied durch die erhobenen und dachziegelartig übereinandergelegten Schilde nach oben schützen (vgl. Abb. 35 und Froehner, la colonne Trajane. Grosse Ausgabe, Tf. 97 in Baumeister, Denkmäler des klass. Altertums Abb. 571.)

orbis 3) Der *orbis* „Karree" oder „Knäuel" wird von einer Abteilung gebildet, um einem von allen Seiten erfolgenden Angriffe zu begegnen.

Marsch in Feindesland. *agmen* Auf dem Marsche in Feindesland sichert sich das Heer (*agmen*) nach vorwärts durch eine Vorhut (*agmen primum*) und nach rückwärts durch eine Nachhut (*agmen novissimum*). Ausserdem werden noch je nach
speculatores exploratores den Umständen einzelne Kundschafter (*speculatores*) oder ganze Abteilungen (*exploratores*) vorausgeschickt, um Erkundigungen über das Land, die Bewegungen der feindlichen Truppen u. s. w. einzuziehen.

Marschordnung. Die Marschordnung des Hauptheeres ist je nach der Nähe des Feindes verschieden:

1) Ist derselbe nicht in der Nähe, so marschiert das Hauptheer in einfacher Kolonne so, dass jede Legion ihr Gepäck hinter sich hat (b. G. II, 17).

2) In der Nähe des Feindes marschiert das Hauptheer

a) in einfacher Kolonne gefechtsbereit unmittelbar hinter der Vorhut; dann folgt das gesamte schwere Gepäck, während die übrigen Truppen die Nachhut bilden (b. G. II, 19; vgl. dazu die Karte: Nerviorum clades).

---

[1] Vgl. Polyb. 18, 13. In dieser vielumstrittenen Frage schliesse ich mich J. Marquardt's (Röm. Staatsverwaltung II, S. 336) Auffassung an, dass Vegetius III, 14 eine andere Aufstellung beschreibt, bei der die Glieder geschlossen, die Rotten geöffnet sind. R. Schneiders abweichende Erklärung der Vegetiusstelle (in Berliner Philol. Wochenschrift 1886 No. 20) halte ich nicht für zulässig, weil ausdrücklich dort steht: inter ordinem autem et ordinem. Vgl. auch Baron Stoffel a. a. O. S. 327.

[2] Marquardt a. a. O. S. 416.

„Werden bei dieser Anordnung noch zwei Kolonnen zur Seite des Gepäcks hinzugefügt, um dasselbe gegen Angriffe (namentlich durch Reiterei und Leichtbewaffnete) während des Marsches sicherzustellen, so entsteht ein vollkommenes hohles Viereck (*agmen quadratum*), welches, wenn das Heer sich genötigt sieht, Halt zu machen und eine Verteidigungsschlacht zu liefern, sofort durch Frontmachen nach allen vier Seiten in die Verteidigungsstellung des *orbis* (vgl. S. 10) verwandelt werden kann."[1]) (Abb. 3b.)

agmen quadratum.

b) wenn die Entfernung vom Feinde nicht gross und das Gelände günstig ist (z. B. in der Ebene) in drei parallelen Kolonnen, welche sich durch eine einfache Bewegung zur *acies triplex* formieren.

Die Reiterei bildet, je nachdem ein feindlicher Angriff von vorn, von der Seite oder von hinten zu erwarten ist, den Vortrab, die Seitendeckung oder den Nachtrab des Heeres.

Das Lager: Das regelmässige römische Lager bildet ein Quadrat mit kreisförmig abgestumpften Ecken, aber durch das Gelände werden oft allerlei Abweichungen davon veranlasst; so ist es nicht zu verwundern, wenn von den aufgedeckten Lagern Caesars nur das an der Aisne (Abb. 41) annähernd quadratisch ist, (es misst 698 zu 655 Meter). Da das römische Lager nicht nur den Truppen eine gesicherte Unterkunft bieten soll, sondern auch für die fast stets unmittelbar vor dem Lager geschlagene Schlacht gewissermassen die taktische Grundlage zu bilden bestimmt ist, so wird es, wenn irgend möglich, auf sanft ansteigendem Gelände so angelegt, dass es der Schlachtordnung vor ihm eine beherrschende Stellung gegen den anrückenden Feind gewährt.[2]) (Vgl. b. G. II, 8 u. dazu die Karte: Ad Axonam pugna; b. G. V, 50).

Das Lager: Gestalt.

Dasselbe die taktische Grundlage der Schlacht.

Um einen solchen Platz auszuwählen und das Lager abzustecken, wird eine Abteilung unter Anführung von Centurionen vorausgesandt: Zwei Hauptlinien, der *decumanus maximus* und der *cardo maximus* durchschneiden das Lager der Länge und Breite nach. Auf dem *decumanus maximus* wird eine breite, die *porta praetoria* (auf der dem Feinde zugekehrten Frontseite des Lagers) mit der *porta decumana* (auf der Rück-

Absteckung des Lagers.

decumanus maximus. cardo maximus. porta praetoria. porta decumana.

---

[1]) Caesar de b. G. herausgegeben von Kraner-Dittenberger, 14. Aufl. 1886. Einleitung S. 43. Caesar marschiert nach Hirtius b. G. VIII, 8, 4, *paene quadrato agmine* (d. h. zum *quadratum agmen* fehlen die beiden Kolonnen zur Seite des Gepäcks; gemeint ist also die unter 2. a. beschriebene Marschordnung).

[2]) von Goeler, Caesars gallischer Krieg und Teile seines Bürgerkrieges. 2. Aufl. Tübingen II, S. 250.

seite) verbindende Strasse abgesteckt, welche das Lager in eine rechte und eine linke Hälfte teilt.

Durch die auf dem *cardo maximus* angelegte doppelt so breite Hauptstrasse (*via principalis*), welche in die beiden *portae principales* (*dextra* und *sinistra*) endet, wird das Lager wieder in zwei Hälften zerlegt: eine vordere, nach dem Feinde zu, die durch Lagergassen (*cardines* und *decumani*) in eine Anzahl Zeltreihen (*strigae*) geteilt, zu Lagerplätzen für die Truppen bestimmt ist, und eine hintere, die von dem Feldherrn, seinem Gefolge und den Offizieren eingenommen wird. Hier liegt nicht weit von dem Schnittpunkte der beiden Hauptlinien das *praetorium*. Auf ihm erhebt sich, mit seiner Frontseite der Mitte der *via principalis* mit ihrem regen Treiben zugewendet, das Feldherrnzelt (*tubernaculum ducis*, Abb. 45); vor ihm steht der Altar, auf dem der Feldherr opfert (Abb. 45); an der linken Seite erhebt sich, aus Erde aufgeworfen und mit Rasen bekleidet, das *tribunal* (b. G. VI, 3 *suggestus* genannt, Abb. 47) mit der *sella castrensis* des Feldherrn (Abb. 32); hier sitzt er, wenn er den Soldaten Belohnungen austeilt (Abb. 32) oder ihnen Recht spricht, hier steht er, wenn er eine Ansprache (*allocutio*) an das auf dem daranstossenden *forum* versammelte Heer (*contio*) hält (Abb. 33). Auf der rechten Seite des Praetoriums liegt das *augurale* (*auguratorium*) gegenüber dem *quaestorium*, dem Amtsraume des Quaestors. Die Truppen lagern nicht unmittelbar an dem das Lager umgebenden Walle, wo die Zeltreihen vor feindlichen Geschossen und Feuer nicht sicher wären, sondern sind von demselben durch einen breiten, freien Raum geschieden, welcher zugleich Platz gewährt für den Aufmarsch der Truppen und die Unterbringung der Gepäckwagen (Abb. 29; 30), des Viehs und der Beute.

Befestigung des Lagers: Keine Nacht vergeht, die das römische Heer nicht in einem solchen, durch Wall und Graben befestigten Lager zubringt. Sofort nach dem Eintreffen der Truppen auf dem durch die vorausgeschickten Centurionen ausgesuchten und abgesteckten Lagerplatze beginnen die Soldaten in ihren Waffen (*accincti*, nur Helm, Schild und Wurfspeer werden abgelegt, Abb. 31) das Ausheben des Grabens (*fossa*), dessen Erde zum grössten Teil das Material zu dem dahinter aufzuwerfenden Walle (*vallum*) hergiebt; die Böschung wird, wenn die Zeit reicht, mit Rasen bekleidet. Ist das Lager für mehr als eine Nacht bestimmt (es heisst dann *castra stativa* [Standlager] und wird je nach der Jahreszeit als *aestiva* [Sommerlager] oder *hiberna*

[Winterlager] bezeichnet), so wird es stärker befestigt. Aus den mitgeführten Schanzpfählen (*valli*, *sudes*), im Notfalle aus Flechtwerk (b. G. V, 40) wird eine Brustwehr (*lorica*) mit Zinnen (*pinnae*) aufgesetzt. Dahinter werden Holztürme in grosser Zahl errichtet und dieselben bisweilen durch Galerien (*pontes*) verbunden. (Abb. 63.)[1]

valli.
lorica, pinnae.
pontes.

Zum Schutze der Thore wird deren Öffnung durch eine an den Wall meist in Form eines Viertelkreises nach innen angebaute Thorschanze mit davorliegendem Graben geschlossen[2] (daher der Name *claricula*); dieselbe ist immer so angelegt, dass die Feinde beim Eindringen ihre vom Schilde nicht gedeckte rechte Seite den Verteidigern der *claricula* blossstellen müssen. (Abb. 41 a, c.)

Schutz der Thore durch claricula.

Ist Wall und Graben unter der Aufsicht der Centurionen fertiggestellt, so werden die meist aus Leder (daher *sub pellibus esse*, *sub pellibus habere milites*) bestehenden Zelte (*tentoria*, *pelles*), welche gewöhnlich 10 Mann unter einem *decanus* fassen, abgeladen und aufgeschlagen. — In den *hiberna* lagern die Soldaten in Hütten, die mit Fellen und Stroh gedeckt sind. (Abb. 36; 52.)

Zelte.
decanus.

Beim Abbrechen des Lagers werden auf das erste Signal die Zelte abgeschlagen und gepackt (*vasa colligere*, *conclamare*), bei dem zweiten Signal werden sie auf die Saumtiere und Wagen (Abb. 29; 30) geladen; auf das dritte Signal tritt das Heer den Marsch an.

Abbrechen des Lagers.
vasa colligere.

Der Dienst im Lager besteht abgesehen von der Schanzarbeit aus dem Wachdienste und den Übungen, die der Soldat zu seiner Ausbildung für Marsch und Gefecht anstellen muss. Dazu gehören neben dem Fechten, Schiessen, Springen, Reiten u. a. mit Gefechtsübungen verbundene Parademärsche (*decursiones*), die auch bei feierlichen Gelegenheiten vorkommen (Abb. 40), und dreimal im Monate stattfindende Übungsmärsche (*ambulationes*), bei denen die Mannschaften mit vollem Gepäck 10 römische Meilen (= 2 deutschen Meilen) teils im Schritte, teils im Laufe zurücklegen müssen.

Wachen: Die Wache vor den Thoren versehen unter gewöhnlichen Verhältnissen Wachabteilungen (*stationes*), die aus einer oder zwei

Wachen.

---

[1] Aus taktischen Gründen, um eine Umgehung seines vor dem Lager aufgestellten Heeres und einen Angriff in Flanke und Rücken während des Kampfes zu verhüten, lässt Caesar b. G. II, 8 von seinem Lager aus in südöstlicher Richtung bis zur Aisne und in nordwestlicher Richtung bis zur Miette Gräben von 400 *passus* (= 600 Meter) Länge ziehen und an deren Enden *castella* [Schanzen] anlegen, die er mit Geschützen besetzt. (Vgl. die Karte: Ad Axonam pugna.)

[2] Eckig ist nur die Thorschanze der kleinen Pforte auf der linken Seite.

Kohorten Fussvolk und einer *turma* Reiterei bestehen; bei drohender Gefahr sind sie aber bedeutend stärker: so haben vor Avaricum immer zwei Legionen nachts die Wache vor dem Lager. Die Wachen stellen ihrerseits Posten aus. Im Innern des Lagers stehen Posten vor und hinter den Tribunenzelten, bei jedem Legatenzelte, bei dem Quaestorium und bei jedem Manipel. Die Wache im Praetorium bezieht täglich ein Manipel. Die Nachtposten (*vigiliae*) haben vier Ablösungen, die je eine von den vier Nachtwachen (*vigiliae*), also je drei Stunden auf Posten stehen, während die anderen schlafen. Das Zeichen zur Ablösung der Nachtposten wird mit der *bucina* gegeben (vgl. Signalinstrumente S. 6 f.).

Für die Nacht wird vom Feldherrn eine Parole (*tessera*, eigentlich das Täfelchen, auf dem sie steht) ausgegeben, die jedem Manipel und jeder *turma* durch einen *tesserarius* schriftlich zugestellt wird.

Die Kriegszucht und den kriegerischen Geist bei Soldaten und Offizieren suchte man durch Strafen und Belohnungen zu erhalten und zu fördern.

Die zur Anwendung kommenden Strafen sind:

1) Abzüge vom Sold und Abrechnung des Feldzugs von der gesetzlichen Dienstzeit (Liv. XXIII, 25, 7; 31, 2.);

2) Degradation, die je nach dem Range des Betroffenen verschieden ist;

3) öffentliche Brandmarkung (*ignominia*); trifft diese Strafe einzelne Leute, so werden sie in den *principia* des Lagers ausgestellt oder auch aus dem Soldatenstande ausgestossen (*missio ignominiosa*); wird sie über ganze Truppenteile verhängt, so erhalten dieselben statt Weizen Gerste (das Futter für die Pferde) zur Nahrung und müssen ausserhalb des Walles lagern;

4) körperliche Züchtigung (*castigatio*);

5) Todesstrafe, welche entweder die Soldaten selbst oder die Lictoren (Abb. 14; 47) des Feldherrn vollstrecken; haben ganze Truppenteile ein mit dem Tode bedrohtes Verbrechen verschuldet, so wird von je zehn Mann einer, den das Los trifft, hingerichtet.

Die Rechtsprechung über die Soldaten sowohl bei Dienstvergehen, wie bei Streitigkeiten derselben unter sich, ist Sache der Tribunen. Über Verbrechen, auf denen Todesstrafe steht, und über Vergehen der Offiziere entscheidet der Feldherr selbst.

Die Belohnungen bestehen in:

1) öffentlicher Belobigung in der *contio* des Heeres (b. G. V. 52.);

2) ausserordentlicher Beförderung;

3) Erhöhung des Soldes und Anteil an der Beute;

4) Verleihung (richtiger: Schenkung) von Ordensauszeichnungen, die bei Paraden, Triumphen und anderen festlichen Gelegenheiten angelegt werden. *Orden und Ehrenzeichen:*

Den ersten Platz unter diesen Ehrenzeichen nehmen die *coronae* ein. *coronae.* „Die ehrenvollste Krone war" nach Plinius (h. n. XXII, 34) „die *corona graminea*; sie wurde nie anders als nach günstiger Wendung einer völlig hoffnungslosen Lage jemandem zu teil und nur, wenn das ganze Heer sie ihm zuerkannte. — Sie heisst auch *corona obsidionalis*, wenn ein ganzes Lager von Belagerung oder von schimpflichem Abzug gerettet ist. Man flocht sie aus grünem Kraute, welches da gepflückt war, wo man die Belagerten gerettet hatte." Zu den wenigen Personen, denen diese Ehre zu teil geworden ist, gehört Q. Fabius Maximus, der sie im II. punischen Krieg durch Beschluss des Senates und Volkes erhielt. *corona graminea s. obsidionalis.*

Ihr zunächst steht die aus Lorbeer gewundene *corona triumphalis* (Abb. 11), die das Haupt des triumphierenden Feldherrn schmückt. Die *corona myrtea* tragen die Feldherrn, denen nur der kleine Triumph (*ovatio*) bewilligt ist (daher auch *corona ovalis* genannt). *corona triumphalis. corona myrtea s. ovalis.*

Wer einem Bürger in der Schlacht das Leben gerettet hat, erhält die *corona civica* aus Eichenlaub (Abb. 2) und mit ihr bestimmte Ehrenrechte, wie Abgabenfreiheit für sich, seinen Vater und seinen Grossvater väterlicher Seite. *corona civica.*

Die goldene, mit Zinnen verzierte *corona muralis* (Abb. 45; 47), die goldene *corona castrensis* oder *vallaris*, in Gestalt einer Mauer mit einem Thor. (Abb. 4), und die aus goldenen Schiffsschnäbeln zusammengesetzte *corona navalis* (Abb. 47) sind der Lohn der Tapferen, die zuerst im Kampfe die Mauer einer Festung, den Wall eines Lagers oder den Bord eines Schiffes ersteigen. Die *corona navalis* scheint indessen nur selten und meist an Feldherrn verliehen zu sein. *corona muralis. corona castrensis s. vallaris. corona navalis.*

Ausserdem kommen noch *coronae aureae* ohne weitere Bezeichnung vor (Abb. 6; 45; 47.). — (Siehe Nachtrag am Ende dieses Werkes.) *coronae aureae.*

Der Angriff auf feste Plätze erfolgt wie jetzt auf drei verschiedene Weisen: I) durch sofortigen Sturmangriff, II) durch regelrechte Belagerung, III) durch Einschliessung (Blockade). *Angriff auf feste Plätze:*

I) Wenn es irgend angeht, sucht man den Platz durch sofortigen Sturmangriff (*oppugnatio repentina*) zu nehmen: Durch einen Hagel von Geschossen werden die Verteidiger von der Mauer vertrieben (b. G. III, 25), *I) oppugnatio repentina.*

während die Gräben mit Reisigbündeln (Faschinen) und Erde ausgefüllt werden; über diese Füllung hinweg rücken die Sturmkolonnen unter dem Schilddache (*testudo* S. 10 Abb. 35) gegen die Festung vor, um die Thore zu erbrechen, die Mauern auf Sturmleitern zu ersteigen oder sie unter dem Schutze von rasch hergestellten Breschhütten (*musculi*) durch Untergraben zum Einsturz zu bringen. So wird Gomphi (b. c. III, 80) erstürmt.

II) Ist eine solche Erstürmung unmöglich oder misslingt sie, so wird zur regelrechten Belagerung des Platzes (*oppugnatio*) geschritten. „Der Zweck derselben ist nicht, wie Rüstow behauptet, die Ersteigung der feindlichen Mauer, sondern der Sturm durch die Bresche, nur diese ermöglicht den Nahekampf in breiter Front, der allein einen sicheren Erfolg verbürgt".[1] Von den vier Operationen, die dabei unterschieden werden, beschäftigen uns hier nur die beiden letzten: Die allmähliche Annäherung an die Mauer durch Arbeiten, die der Belagerte zu hindern oder zu zerstören sucht, und die Eröffnung der Bresche.

Ist das Gelände vor der Festung besonders günstig, so bedarf es nur einer sorgfältigen Einebnung des Bodens, um die Belagerungsmaschinen ohne weiteres an die Mauer heranzubringen. Sind die Erdarbeiten bis zum Graben vorgerückt, so können die *plutei* d. h. auf 3 Rollen bewegliche, halbkreisförmige Schutzwände, die aus Weiden geflochten und mit Fellen behängt sind, die Arbeiter nicht mehr schützen gegen die Brennstoffe und die Felsblöcke, welche die Verteidiger auf sie herabschleudern; an ihre Stelle tritt darum die festgebaute Schüttschildkröte, χελώνη χωστρίς; *testudo, quae ad congestionem fossarum paratur* Vitr. X, 14. Abb. 58) Sie besteht aus einer auf vier Rädern ruhenden Balkengrundlage, auf deren Ecken sich vier freistehende Pfosten erheben, die ein Satteldach tragen; die dem Feinde zugekehrte Giebelseite ist durch eine aufschlagbare, bis zum Boden herabreichende Klappe geschlossen, die andern drei Seiten sind offen. Es gab solche *testudines* von verschiedenen Massen und verschiedener Stärke.[2]

Um eine gesicherte Verbindung nach rückwärts für die unter der Schildkröte arbeitenden Mannschaften herzustellen, werden hinter derselben

---

[1] Auf dem Exposé sommaire de l'art des sièges chez les Romains des Barons Stoffel a. a. O. S. 340—365 beruht dieser ganze Abschnitt über die *oppugnatio*.

[2] Vitruvius giebt a. a. O. eine Länge und Breite von 25 Fuss an, dagegen misst die von Trebonius vor Massilia erbaute (b. c. II. 2.) 60 Fuss in der Länge (vgl. Baron Stoffel a. a. O. I, 83).

Laufhallen (*vineae* Abb. 60; 62) gebildet aus kleinen Schildkröten mit Satteldach aus Brettern oder Weidengeflecht und eben solchen Wänden (b. c. II, 2 *contextae viminibus vineae*), die mit den offenen Giebelseiten aneinander geschoben sind. Gegen Feuer werden die *vineae* ebenso wie alle anderen Belagerungsmaschinen durch Felle oder nasse Säcke und Kissen (*centones*) geschützt.

Viel schwieriger werden die Annäherungsarbeiten, wenn das Gelände vor der Stadt durchschnitten ist. In diesem Falle ist der Bau eines Annäherungsdammes (*agger*) nötig, auf[1]) dem die Belagerungsmaschinen, Turm und Widderschildkröte, an den Fuss der Mauer[2]) gelangen können. Dieser Damm wird aus Baumstämmen, Erde und Reisigbündeln massiv[3]) aufgeführt; an jeder Seite stützt ihn eine Art von hölzerner Mauer, die sehr sorgfältig aus kreuzweise übereinander geschichteten Balkenlagen hergestellt ist. (Abb. 61.) Die Stärke derselben beträgt je nach der Höhe des Dammes 10—15 Fuss.[4]) (Abb. 62.)

Verfügen die Belagerten über keine oder sehr unvollkommene Geschütze und bietet das Gelände vor der Stadt kein grosses Hindernis, wie bei Avaricum, so errichtet man parallel der Mauer einen Damm, der die Höhe derselben erreicht, sie aber nicht berührt; er wird mit Geschützen (Abb. 56; 57; 61) besetzt; die Länge eines solchen in nächster Nähe der Mauer errichteten Paralleldammes hängt ab von der Ausdehnung der Angriffsfront und der Zahl der Türme und Maschinen, die er tragen soll.

Wenn dagegen wie bei Uxellodunum (b. G. VIII, 41) und Massilia (b. c. II, 1 u. 2) wegen der Geländeschwierigkeiten oder weil die Ver-

---

[1]) Wenn die Höhe der Türme mit dem Fortschreiten des Dammes wuchs (b. g. VII, 22, 4), so müssen sie auf dem Damm, nicht neben demselben, wie Rüstow annimmt, gestanden haben; ausdrücklich bezeugt diese Thatsache Hirtius bei der Schilderung der Belagerung von Uxellodunum, seine Worte: &xstruitur *agger in altitudinem pedum LX collocatur in eo turris decem tabulatorum VIII*, 41, 5) lassen keinen Zweifel über den Standpunkt des Turmes (Baron Stoffel a. a. O. II, S. 361 ff.)

[2]) Aus der diesem Abschnitte vorangestellten Bemerkung über das Ziel jeder regelrechten Belagerung folgt, dass der Damm nicht gegen den oberen Rand der Mauer, sondern gegen den Fuss derselben geführt wird, denn er hat nur die Bestimmung eine Bahn für die eigentlichen Angriffsmittel, Turm und Widder, herzustellen, die beide am Fusse der Mauer arbeiten. (Stoffel II, S. 361.)

[3]) Vgl. Stoffels ausführliche Widerlegung der entgegengesetzten Meinung von Rüstow a. a. O. II, S. 363.

[4]) Stoffel II, S. 356.

teidiger über weittragende Geschütze verfügen, der Angriff sich nur gegen einen ganz bestimmten Punkt der Mauer richtet, so baut man einen Brückendamm, der senkrecht auf die Stadtmauer gerichtet ist. Der Bau desselben wird ausser Schussweite begonnen und seine Höhe und Richtung werden derart bemessen, dass er am Fusse der Mauer bei dem gewählten Angriffspunkte endet; die Breite richtet sich nach der des einen Turmes, den er zu tragen bestimmt ist.

Ein Brückendamm trägt auf einen Turm.

Hat der Damm den Graben überschritten, so beginnt der letzte Teil der Belagerung, die Eröffnung der Bresche. Jetzt treten erst die eigentlichen Angriffsmittel, zu denen der Annäherungsdamm nicht selbst gehört,[1]) in Thätigkeit: es sind dies der Turm und der Widder.

2) Eröffnung der Bresche.
Eigentliche Angriffsmittel Turm und Widder.

turris.

„Der Turm (*turris ambulatoria* oder *mobilis*) ruht auf einem Rost von zwei Paar Langschwellen, zwischen welchen die Räder laufen, und zwei Paar Querhölzern. In den Ecken, wo die Lang- und Querschwellen übereinander liegen, werden die vier Schenkel, welche die Eckpfeiler des Turmes bilden sollen, schräg nach oben zusammengeneigt aufgerichtet. Durch Einfügung von Rosten, die dem unteren gleichen, nur nach oben zu immer mehr an Umfang abnehmen, werden mehrere Stockwerke gebildet, deren jedes eine aussen umlaufende Galerie hat, während im Innern Treppen von Stockwerk zu Stockwerk gehen. Das Balkengerüst (Abb. 62) des Turmes (ausser den vier Eckstreben noch die kürzeren Stützbalken zwischen den Stockwerken) ist an den drei dem Feinde zugekehrten Seiten mit Brettern verkleidet, in welche Fenster und Schiessscharten eingeschnitten sind. Zur grösseren Sicherung gegen Feuersgefahr wird der Turm auf seinen Aussenseiten mit rohen Häuten verhängt, in den unteren Stockwerken stehen Behälter mit Wasser."[2])

Im untersten Stockwerke hängt der Mauerbrecher (*aries*), die oberen sind mit Geschützen besetzt und mit Fallbrücken versehen, welche beim Sturm herabgelassen werden und eine Verbindung zwischen dem Turm und der Krone der feindlichen Mauer herstellen.

Fallbrücken.

aries.

Der Mauerbrecher (*aries*), ein starker, durchschnittlich 60—100 Fuss langer, nach vorn sich verjüngender Balken mit eisenbeschlagenem,

---

[1]) Vgl. Baron Stoffel a. a. O.
[2]) H. Droysen, Heerwesen und Kriegführung der Griechen in K. F. Hermanns Lehrbuch der griech. Antiquitäten II, 2, S. 218. Vgl. Wescher, Poliorcétique des Grecs, Paris 1867. Abb. 94 auf S. 243.

oft in Form eines Widderhauptes gebildetem Kopfe wird je nach seiner Länge in einem oder zwei Punkten eines wagerechten Balkens im untersten Stockwerke eines Turmes oder unter einem besonderen Schutzdache, der sogenannten **Widderschildkröte** (*testudo arietaria* Abb. (?)) möglichst hoch aufgehängt. Diese Schildkröten haben ein sehr steiles Satteldach, damit daraufgeworfene Gegenstände um so leichter herabrollen können; der dem Feinde zugekehrte Giebel ist durch ein schräges Vordach geschlossen, in dem eine Öffnung für den Kopf des Widders gelassen ist; der hintere Giebel dagegen ist offen; hier steht die Bedienungsmannschaft, welche das hintere Ende des Balkens mittels Stricken zurückzieht und so den Mauerbrecher in Schwung setzt. Nach ihrer Gestalt unterscheidet man hausartige, bei denen das Dach von senkrecht in die Höhe geführten Seitenwänden getragen wird, und zeltartige Schildkröten; bei diesen sind entweder die das Dach tragenden Seitenwände gegeneinander geneigt (Abb. (?)) oder die beiden Dachflächen laufen unter demselben Neigungswinkel bis zu dem die Grundlage bildenden Balkenroste.

Nur andere Formen des Mauerbrechers sind die **Mauersichel**, (*falx muralis*) und der **Mauerbohrer** (*terebra*). Letzterer hat statt des stumpfen Kopfes eine scharfe Spitze, während das Ende der Mauersichel mit einem gekrümmten Eisen versehen ist. Sie ist ebenso aufgehängt wie der Mauerbrecher und dient dazu, Steine aus Mauern zu reissen, die wie die gallischen (Abb. 80) vermöge ihrer besonderen Festigkeit dem gewöhnlichen Mauerbrecher widerstehen.

Neben diesen grossen Brechwerkzeugen benutzt man auch kleinere (*dolabrae*, Mauerxte), um die Mauer am Fusse aufzureissen. Da die Soldaten hierbei unmittelbar unter der Mauer arbeiten, so müssen sie besonders gegen die auf sie herabgeschleuderten schweren Steinblöcke geschützt werden. Das geschieht durch die vierräderige **Brechschildkröte** (χελώνη διορυκτίς), ein mit starken Bohlen gedecktes Pultdach, das mit der geraden Wand an die Mauer gerollt wird. Dach und Seiten werden in der üblichen Weise mit nassen Fellen geschützt. (Abb. 50.)

Verfügen aber die Verteidiger über so schwere Geschütze, dass die die Verbindung der Arbeiter nach rückwärts herstellenden *vineae* von ihren Geschossen durchschlagen werden, so baut man einen *musculus*, der *vinea* und Brechschildkröte in sich vereinigt. Der von Caesar (b. c. II, 10) beschriebene ist eine sehr stark gebaute *vinea* von 60 Fuss Länge und 4 Fuss Breite, die mit ihrer offenen Giebelseite auf Walzen bis unmittelbar an die Mauer geschoben wird. Der musculus wird auch benutzt, wenn man vermittelst eines unterirdischen Ganges, einer Mine (*cuniculus*) unter der Mauer in die Stadt gelangen will.

Von den Verteidigungsmitteln ist das Herabschleudern von Steinblöcken und brennenden Gegenständen auf die Schildkröten schon erwähnt worden. Widder und Mauersicheln werden mit Schlingen gefasst und festgehalten oder mit Winden (*tormenta*) in die Stadt gezogen (b. G. VII, 22.) Den Annäherungsdamm sucht man von unten oder von oben anzustecken, oder man untergräbt ihn durch Minen (*cuniculo*), um die Türme zum Einsinken zu bringen. (b. G. III, 21; VII, 22.) Die Türme werden mit schwerem Geschütz und mit Feuer bekämpft, auch errichtet man auf der bedrohten Mauerstelle einen Gegenturm (Abb. 62), den man durch Hinzufügung von neuen Stockwerken dem feindlichen entsprechend erhöht.

Die Hauptwaffe der Verteidiger aber sind die Geschütze,[1]) darum sind selbst kleine Städte, wie Corfinium (b. c. I, 17, 3), mit ihnen versehen und grosse Städte, wie Massilia, verfügen über eine solche Menge der schwersten Geschütze, dass sie dem Fortschreiten der Belagerungsarbeiten die grössten Hindernisse in den Weg legen (b. c. II, 2); daraus erklärt es sich auch, wenn bei Kapitulationen ihre Auslieferung stets die erste Bedingung ist. (b. c. II, 22.)

Die Belagerer verwenden die Geschütze hauptsächlich, um die Verteidiger von den Mauern zu vertreiben und um die Belagerungswerke gegen Ausfälle zu schützen (b. G. VII, 25.)

Auch die Kriegsschiffe führen Geschütze, die gewöhnlich auf Türmen aufgestellt werden (b. G. III, 14; b. c. II, 4); unter ihrem Schutze gelingt es Caesar z. B. 55 v. Chr. seine Truppen in Britannien zu landen (b. G. IV, 25.)

Ausserdem lässt sich aber bei Caesar seit dem Jahre 57 eine Verwendung von Geschützen im Felde nachweisen; meist diente diese Feldartillerie zur Verteidigung der Lager (b. G. VII, 41; VIII, 14, 5); einmal (b. G. II, 8) fällt ihr die Aufgabe zu den einen Flügel der Schlachtreihe gegen eine Umgehung zu decken; eine Ausnahme dagegen ist es, wenn Pompeius bei Dyrrhachium Geschütze gegen Caesars IX. Legion angriffsweise vorgehen lässt (b. c. III, 45).

---

[1]) O. Schambach, Einige Bemerkungen über die Geschützverwendung bei den Römern, besonders zur Zeit Caesars. Progr. Altenburg, 1883. — Fröhlich, das Kriegswesen Caesars I, S. 77.

Die Geschütze sind der Armbrust[1]) nachgebildet, aber die Schleuderkraft übt nicht der Bogen an sich aus, sondern starke, aus Sehnen oder Frauenhaaren (b. c. III, 9) geflochtene Taue teilen, wenn sie von den in sie eingezwängten Bogenarmen gedreht werden, diesen die ihnen innewohnende Federkraft mit.

Caesars Geschütze sind: 1) leichte (*catapultae*, im bellum Gallicum *scorpiones* genannt), welche Pfeile unter einem geringen Erhebungswinkel schiessen und 2) schwere (*ballistae*), welche Steinkugeln und balkenartige Pfeile unter einem Winkel von 45° werfen. (Abb. 56; 57; 61 und S. 62—65, wo die ausführliche Beschreibung gegeben ist.)

III) Nur wenn die Lage des Platzes eine Bezwingung auf anderem Wege unmöglich erscheinen lässt, wie bei Gergovia, Alesia und Uxellodunum, entschliesst man sich zur Einschliessung, Blockade (*obsidio*); auch im freien Felde hat Caesar dieselbe angewendet, mit Erfolg gegen Afranius und Petreius (b. c. I, 72 ff.), ohne Erfolg gegen Pompeius bei Dyrrhachium, weil er dessen Verbindung mit dem Meere nicht abschneiden konnte (b. c. III, 41 ff.)

Welche Mittel man zur Durchführung der *obsidio* anwendet, das hängt einzig und allein von den Geländeverhältnissen ab. Bei Gergovia z. B. (S. die Karte) genügte die Besetzung und Befestigung der Roche Blanche und die Verbindung derselben und des grossen Lagers durch einen Doppelgraben, um den Eingeschlossenen das Wasser- und Futterholen auf dieser Seite unmöglich zu machen; hätte Caesar, wie die Gallier fürchteten (b. G. VII, 44), sich auch noch der Höhen von Risolles bemächtigt, so wäre „die Einschliessung so gut wie vollständig, jede Verbindung nach aussen und jede Fouragierung abgeschnitten gewesen."

Eine so günstige Gestalt des Geländes ist aber selten, gewöhnlich muss man sich zur Anlegung ausgedehnter Werke entschliessen. Die Anordnung derselben kann man am besten kennen lernen aus Caesars ausführlicher Beschreibung der Einschliessung von Alesia (b. G. VII, 69 u. 72 ff.); über sie sind wir auch am genauesten unterrichtet, da durch die auf Befehl Kaiser Napoléons III. unternommenen Ausgrabungen fast alle von Caesar erwähnten Befestigungen wieder aufgedeckt sind (S. die Karte): Caesar leitet die Einschliessung Alesias

---

[1]) Eine solche ist abgebildet auf einem Grabrelief bei Schreiber, Kulturhistorischer Bilderatlas, Tafel XLI, 10.

Benennung derselben. mit einer Berennung ein, indem er an geeigneten Punkten acht
Lager, vier für das Fussvolk und vier für die Reiterei (diese am Wasser)
castella. anlegen und dreiundzwanzig *castella* errichten lässt,¹) die bei Tage mit
Feldwachen, bei Nacht mit starken Abteilungen besetzt werden.

Vor den Kastellen werden die eigentlichen Verschanzungen
munitiones. Contreval- (*munitiones*) angelegt;²) diese bestehen aus zwei 15 Fuss breiten Gräben,
lationslinie. hinter denen sich ein Wall (agger ac vallum) von 12 Fuss Höhe
agger ac vallum. erhebt, der durch eine Brustwehr mit Zinnen (lorica pinnaeque)
lorica, pinnae. und Türme verteidigt wird, die in einer Entfernung von je 80 Fuss
errichtet sind. Der Umfang dieser mit der Frontseite nach innen gerichteten Befestigungslinie beträgt 11 römische Meilen (16 Kilometer).
Circumval- Gegen das zu erwartende Entsatzheer der Gallier lässt Caesar dann
lationslinie. eine fast ganz gleiche Linie nach aussen anlegen. Beide Linien, die
An- innere und die äussere, schützt er durch Annäherungshindernisse
näherungs-hindernisse. verschiedener Art: Gräben, darunter ein mit Wasser gefüllter, Verhaue,
Wolfsgruben (*lilia*) und Fussangeln (*stimuli*). (Abb. 63.)

Die Flotte.³)

Die Flotte. Caesars Schiffe sind 1) Kriegsschiffe (*naves longae*), 2) Fruchtschiffe
(*naves onerariae*).

Kriegsschiffe. 1) Die Kriegsschiffe sind lange, schmale, ziemlich flache Fahrzeuge, mit geringem Tiefgange,⁴ mehr den Flusskähnen als den Seeschiffen
unserer Zeit vergleichbar; wegen ihrer leichten Bauart⁵) sind sie nur

---

¹) Von diesen sind nur fünf wiedergefunden worden, die übrigen werden wohl
hölzerne Blockhäuser gewesen sein, ähnlich denen auf der Traians- und Marc Aurelsäule
erscheinenden. (Abb. 46.)
²) Bei Dyrrhachium sind die *castella* durch Zwischenwälle verbunden (b. c. III, 41.)
³) Dieser ganze Abschnitt beruht auf E. Assmanns Artikel „Seewesen" in
Baumeisters Denkmälern des klassischen Altertums. München und Leipzig 1885—1888.
S. 1593—1639.
⁴) Tac. hist. V, 22 erzählt beispielsweise, dass die Germanen eine genommene
römische *triremis* die Lippe (Rheinprovinz) hinaufgeschleppt hätten. Assmann 1601.
⁵) Daher die rasche Herstellung grosser Flotten: Caesar erzählt b. G. V, 2, dass
600 *naves actuariae* und 28 *naves longae* in der Zeit von Oktober bis Anfang Juni gebaut
und ausgerüstet wurden; und b. c. I, 36 sind 12 *naves longae*, unter ihnen Turmschiffe
mit sechs Ruderreihen (Lucan. b. c. III, 514. 536), 30 Tage nach dem Fällen des Holzes
segelfertig; in dieser Zeit kann heutzutage wohl ein Flusskahn fertiggestellt werden,
nicht aber ein Seeschiff, und wäre es auch das kleinste. Assmann 1600.

bei ruhiger See zu gebrauchen, bei drohendem Unwetter müssen sie
nicht bloss den Hafen aufsuchen, sondern dort noch meist aufs Land
gezogen werden (*subduci*); heftige Erschütterungen sind hierbei, noch
mehr aber im Gefechte bei jedem Spornstosse unvermeidlich, daher
muss der Längsverband des im Verhältnis zu seiner Breite sehr langen
Schiffes besser geschützt werden, als dies die aussen um den Rumpf
gelegten Gürtelhölzer (Abb. 43; 51; 53) vermögen; dies geschieht entweder durch Einziehung eines Sprengwerks, das aus zwei langen, von Sprengwerk.
Stützbalken getragenen Balkenzügen besteht, die eine feste Verbindung
von Vor- und Hinterschiff herstellen, oder durch Gürtung des Schiffes, Gürtung des Schiffes.
indem man Bug und Heck mit Tauringen umschnürt und diese durch
starke, auf gabelförmigen Stützen (Abb. 54) oder Galgen über das Schiff
geleitete Taue verbindet, die dann straff angezogen werden.

 An die aufwärts gebogenen Enden des Kiels (*carina*) setzt sich carina.
vorn vorwärts (Abb. 44; 51) oder rückwärts (Abb. 50; 53) aufsteigend der
Vorsteven, dessen Verlängerung der in das meist rückwärts ein- Vorsteven.
gerollte (Abb. 51) Akrostolion auslaufende Stolos bildet, und hinten
der Hintersteven mit seinen Verlängerungen, dem schwanenhals- Hintersteven.
förmig gekrümmten Cheniscus (Abb. 44; 53) und dem fächerartigen
aplustre (Abb. 43; 44; 50; 51; 53), an dessen Fuss oft ein Schild erscheint
(Abb. 51); das Balkengefüge des Vorderteils (*prora*) muss ganz be- prora.
sonders fest sein, weil hier, gewöhnlich über Wasser (Abb. 43; 44;
50; 53), selten unter Wasser, die Hauptwaffe des Schiffes, der meist
dreispitzige (*tridens*) Sporn (*rostrum*)[1] liegt. Darüber tritt aus dem rostrum.
Buge ein kürzerer Stossbalken (Abb. 44; 51) hervor, um beim Rammen
ein zu tiefes Eindringen des Sporns zu verhindern und zugleich das
Oberschiff des feindlichen Fahrzeugs zu zerstören. Aussen am Vorschiffe
ist das symbolische Auge (Abb. 43) ein sich auf den Namen des Schiffes
beziehendes Bild (Abb. 53) und der Name angebracht.

 Die meist ein wenig nach der Mitte zu ausgebauchten, selten gerad-
linig verlaufenden (Abb. 50; 51) äusseren Schiffswände (*latera*) latera.
fallen, nur unterbrochen von derben Gürtelhölzern (Abb. 43; 51; 53) Gürtel-
entweder schlicht und beinahe senkrecht zum Wasserspiegel ab oder hölzer.

---

[1] Dass die Wucht des Spornstosses bei den alten Schiffen nicht bedeutend war,
geht z. B. daraus hervor, dass Caesars Ruderschiffe den aus Eichenholz gezimmerten
Segelschiffen der Veneter mit dem Sporn nichts anhaben konnten (b. G. III, 13, 14).
Assmann 1613.

[2] Assmann 1606.

zeigen „auf halber Höhe einen langen, weitausladenden Ausbau mit

Riemen-
kasten. abschüssiger, glatter, meist geländerloser Decke, den Riemenkasten" (Abb. 43; 44; 50; 51; 53); in seiner senkrechten Aussenwand oder in

Ruder-
pforten. seiner leicht gewölbten Unterfläche sind die schlitzförmigen Ruderpforten eingeschnitten;¹) zwei seitlich vorgelagerte Querbalken schützen

Deck. sein vorderes Ende gegen den Stoss vorbeistreifender Schiffe. Das Deck, zu beiden Seiten von einem durchbrochenen, schräg gegitterten Geländer, Reling (Abb. 53) eingefasst, dessen Öffnungen bisweilen als Pforten der obersten Ruder gebraucht werden, ist nur bei einem Teil²)

constratae
naves der Schiffe geschlossen, (diese heissen *constratae naves* im Gegensatze zu
apertae
naves den ungedeckten *apertae naves*) und trägt dann hölzerne Türme (*turres*
turres. b. G. III, 14); aber auch in dem geschlossenen Deck der *constratae naves* ist ein offener, der Länge nach durchgehender Spalt im Mittelschiff nötig, sowohl um den Mast niederzulegen, was im Gefecht stets geschieht, als auch um die Ruder einzuziehen, falls man dem Gegner die Ruder abstreifen (b. c. I, 58), oder sich selbst gegen dieses beliebte Manöver schützen will.

remiges. Die Ruderer (*remiges*) sitzen mit dem Gesichte dem Hinterschiffe zugekehrt (Abb. 43; 44; 53); gegen feindliche Geschosse sind sie durch wagerecht über das Schiff gespannte Felle (*pelles* b. c. III, 15) geschützt.

remus. Jeder von ihnen regiert nur ein Ruder (*remus*), das mit einem ledernen Riemen an einem zum Haltepunkt dienenden Dullpflock

scalmus (*scalmus*) befestigt ist. Um das Eindringen des Meerwassers, besonders in die unteren, sehr tief liegenden Ruderpforten, möglichst zu verhüten, sind aussen an die Pforten Schläuche angenagelt, durch welche die Ruder hindurchgesteckt werden.

Hinterdeck. Das Hinterdeck ist der vornehmste, geheiligte Platz des Schiffes;³) daher stehen hier die Fahnen der eingeschifften Truppen (Abb. 43; 44); zum grössten Teil wird es von der Kapitänskajüte überwölbt (Abb. 43;

gubernator. 44; 50; 53), vor der sich die Bank des Steuermanns (*gubernator*) befindet (Abb. 53.)

Am Heck, um das oft eine ausspringende, nach hinten ansteigende Galerie mit durchbrochenem Geländer (Reling) läuft, fahren auf beiden Seiten die von den Sorgleinen (Abb. 53; 55) gehaltenen Steuerruder

---

¹) Assmann 1608.
²) b. c. III, 7 sind von 12 Kriegsschiffen Caesars nur 4; III, 101 von 35 Kriegsschiffen 20 *constratae*. Assmann 1607.
³) Assmann 1607.

gubernacula) entweder durch einen ledernen Stropp (Abb. 53) über Bord, gubernacula.
oder durch eine geräumige Öffnung in der hinteren Querwand des
Riemenkastens ins Wasser.¹) Das Hinterschiff (*puppis*) wird mit puppis.
starken Tauen, den Landfestungen (*retinacula, orae*) am Lande festgebunden, retinacula.
während die Ankertaue ²) (*ancoralia*) das Vorschiff halten. ancoralia.

Die Takelung ist bei den Kriegsschiffen, da diese in erster Linie Takelung.
Ruderschiffe sind, sehr einfach: „Die römischen Münzen vom I. Trium-
virat bis zu Kaiser Gallienus hinab zeigen etwas vor der Mitte einen
Mast (*malus*) mit einem einfachen, grossen Raasegel (*velum*) bei aus- malus.
gelegten Rudern ³) (Abb. 42; 43); auf anderen Münzen vom Ende der
Republik ab erscheint ein vornübergeneigter, kurzer Vormast (*dolon*) dolon.
mit kleinem Raasegel (ein ungewöhnlich grosses Dolonsegel führt das
Schiff auf Abb. 50); letzteres Segel erscheint auf den Kriegsschiffen
fast nie zugleich mit dem Grosssegel gesetzt."

Das Segel (*velum*) ist aus mehreren, in der Breite aneinandergenähten velum
Stücken Leinewand (b. G. III, 13) zusammengesetzt; um den nicht
sehr widerstandsfähigen Stoff vor dem Zerreissen zu schützen, sind
Längs- und Querstreifen von Leder auf das Segel genäht, die ihm ein
schachbrettartig gefeldertes Aussehen geben (Abb. 43; 55). Ebenfalls zur
Verstärkung dient ein Tau, mit dem der Saum des Segels eingefasst ist
(Abb. 55). Bei zu heftigem Winde werden die Segel gekürzt (gerefft,
vela contrahuntur) und zugleich die Raa auf halben Mast herabgelassen vela contrahunt.
(b. Al. 45. *antemnis ad medium malum demissis*); um nun die Segelfläche
gleichmässig verkleinern zu können, sind in gleichen Abständen eine
grosse Anzahl Ringe auf die Vorderfläche des Segels genäht (Abb. 55
sind es sechs Querreihen zu je zwölf Ringen); an dem unteren Saum
des Segels befestigte Taue (die sogen. Gordings) fahren durch die Gordings.
Ringe über die Vorderfläche des Segels hinauf nach der Raa und von
dort unmittelbar nach hinten zum Steuermann (Abb. 55). Zieht man
an den Gordings, so legt sich das Segel von unten nach oben in Falten,
ähnlich wie unsere Wettervorhänge (sogen. Jalousien).

Der stets aus einem Stamme ohne Verlängerung bestehende Mast
trägt nur eine Raa (*antemna*); sie wird am Maste festgehalten durch antemna.

---

¹) Assmann 1615.
²) Die Veneter hatten abweichend vom Gebrauche der Griechen und Römer Anker-
ketten aus Eisen. b. G. III, 13.
³) Assmann 1618.

einen Tauring, das **Rack** (Abb. 54), wärhend ein anderes Tau, das **Fall** (Abb. 55)[1]) das Heraufziehen (**Hissen**) und Herablassen (**Fieren**) der Raa ermöglicht; von den Enden der Raa, den **Raanocken** (*cornua*) fahren Taue, die **Toppnanten** (*ceruchi*) nach der Spitze des Mastes, dem Top (Abb. 42; 43; 50; 55) und von da ins Schiff hinunter, andere Taue, die **Brassen**, ins Hinterschiff (Abb. 55), bisweilen auch ins Vorschiff (Abb. 55; 50); wieder andere Taue, die **Schoten** (*pedes*) sind an den unteren Enden des Segels in Schleifen, die sogen. **Schothörner** (Abb. 50; 55), eingebunden und fahren von dort ins Hinterschiff (bei dem breiten Dolonsegel Abb. 50 treten sie in dasselbe von aussen herein).

Durch die Toppnanten wird die Raa wie ein Wagebalken auf- und nieder bewegt; die Brassen ermöglichen die Drehung der Raa nach rechts und links; durch sie und die Schoten wird das Segel in bestimmte Richtung zum Kiel gestellt und darin festgehalten. Den Mast stützen Taue gegen den Winddruck: von vorn das **Bugstag**, von hinten das **Backstag**, von beiden Seiten die **Wanten** (Abb. 43); das Bugstag dient bei den Kriegsschiffen zugleich zum Heben und Senken des Mastes.[2])

Je nach der Anzahl der Ruderreihen zerfallen die Kriegsschiffe in:

1) *moneres* (Liv. XXXVIII, 38, 8) mit einer Ruderreihe auf jeder Seite. (Auf Abb. 50; 51 scheinen Moneren dargestellt zu sein.)

2) *biremes*, **Zweiruderer**, mit zwei Ruderreihen auf jeder Seite, von denen besonders die leichte, schnellsegelnde Liburna (b. c. III, 9), ursprünglich ein Seeräuberschiff, bei den Römern sehr beliebt war.

3) *triremes*, **Dreiruderer**, mit drei Ruderreihen auf jeder Seite.

4) *quadriremes*, **Vierruderer**, mit vier Ruderreihen auf jeder Seite.

5) *quinqueremes*, **Fünfruderer**, mit fünf Ruderreihen auf jeder Seite u. s. w.

Die *quinqueremis* ist das Schlachtschiff der Römer in den punischen Kriegen; sie hat nach Polybius eine Bemannung von 300 Ruderern und 120 Seesoldaten; ihrer Länge und Langsamkeit im Wenden wird besonders gedacht.

---

[1]) Die bei Caesar b. G. III, 14 erwähnten *funes, qui antemnas ad malos destinabant*, erklärt Breusing, die Nautik der Alten, Bremen 1886, S. 54 mit grosser Wahrscheinlichkeit für das Fall, welches dann zugleich als Backstag diente und wie dieses seitlich an Bord befestigt war.

[2]) Assmann 1620.

Anordnung der Ruderreihen: Wie die Ruderpforten und Ruderreihen auf den Schiffen von der biremis aufwärts angeordnet waren, ist noch nicht ausgemacht; wahrscheinlich hat es neben Hochpolyeren, Vielruderern, in denen die Ruderer übereinander, und Breitpolyeren, Vielruderern, in denen sie, wie auf den venetianischen Galeeren, nebeneinander sassen, noch eine Verbindung von beiden Systemen gegeben, die von Assmann a. a. O. 1629 als mehrgliedrige Hochpolyere bezeichnet wird. Auf allen aber war der Raum so ausgenützt, dass auch nicht ein Mann über die normale Zahl Platz fand (Cic. in Verr. V, 51, 133); daher wird zum Essen, selbst bei eiligen Fahrten, ein- oder zweimal täglich gelandet; sehr selten geschieht es an Bord.

Die nach ihrer Bestimmung *speculatoria navigia* (Spähschiffe, Avisos) genannten Schiffe (b. G. IV, 26) sind leichte Moneren, die keinen Sporn haben und deshalb dem Steuerruder um so besser gehorchen.

Zu jedem Kriegschiffe gehört eine Anzahl Boote (*scaphae* b. G. IV, 26 Abb. 55.)[1]

Bemannung und deren Vorgesetzte. Die *magistri navium* (b. c. II, 43) sind die Vorgesetzten der vorzugsweise aus Nichtrömern zusammengesetzten Schiffsmannschaft, welche sich in *gubernatores*, Steuermänner, *nautae*, Matrosen (zur Bedienung der Segel) und *remiges*, Ruderer, sondert (b. G. III, 9); den Befehl über die Schiffe führen Kriegstribunen und Centurionen (b. G. III, 14); an der Spitze der Flotte steht regelmässig ein Legat. Ausser der Mannschaft haben die römischen Schiffe immer eine starke Besatzung von Seesoldaten (*epibatae*, *propugnatores*, *defensores*) an Bord; zu diesem Dienst auf der Flotte werden vorwiegend auserlesene Legionssoldaten und Centurionen abkommandiert (b. c. I, 57, 1), deren Tapferkeit die geringere Beweglichkeit der römischen Schiffe besonders im Kampfe mit den durch ihre Manövrierfähigkeit ausgezeichneten griechischen Schiffen ausgleichen muss.

Formen des Seekampfes. Während nämlich bei den Griechen der Seekampf hauptsächlich in der geschickten Wendung der Schiffe besteht, die selbst allen Angriffen entschlüpfend, die feindlichen Fahrzeuge durch Abstreifen der Ruder im schnellsten Vorbeifahren kampfunfähig machen oder durch geschickt angebrachten Spornstoss in den

---

[1] Über die von Caesar b. c. III, 29 erwähnten *pontones* ist nichts weiter bekannt, als dass sie eine Art gallischer Schiffe, wahrscheinlich Schnellsegler sind.

Grund bohren (b. c. I, 58, 1), übertragen die Römer die Formen des Landkampfes auf die See, indem sie ihre Schiffe mit einer viel stärkeren Zahl von Seesoldaten besetzen, auf dem Verdecke Türme und Geschütze aufstellen und mit Hilfe von Enterhaken (*manus ferrae* b. c. I, 57) und Enterbrücken auf die feindlichen Schiffe zu gelangen und deren Bemannung im Nahekampfe zu bewältigen suchen.

Die Frachtschiffe

2) Die Frachtschiffe[1]) sind im Verhältnis zu den Kriegsschiffen kürzer, breiter und höher; ihr Tiefgang ist bedeutender. Die Maste stehen fest, sind höher und tragen mehrere Segel. Dazu kommt eine grössere Seetüchtigkeit, die das Frachtschiff befähigt, bei Sturm nicht bloss auf offener Reede zu ankern, wenn das Kriegsschiff im Innern des Hafens aufs Land gezogen werden muss, sondern auch auf hoher See auszuhalten, wo das Kriegsschiff vernichtet werden würde; selbst gegen widrige Winde, die das Schlachtschiff vollständig

Lavieren. lahm legen, vermag es sich durch Lavieren (*in contrarium navigare prolatis pedibus*, Plin. n. h. II, 47) vorwärts zu helfen. Neben den Segeln

naves actuariae werden häufig auch Ruder benutzt; die *naves actuariae* z. B. führten deren zehn (Cic. ad. Att. XVI, 3, 6) bis dreissig (Liv. XXXVIII, 38, 8), wie es scheint; bei Caesar b. G. V, 1 sind es niedrige, flache Schiffe zum Transport von Truppen, Pferden und Kriegsbedarf. Die Bemannung der Frachtschiffe ist im Verhältnis zu der eines heutigen Segelschiffes auffallend stark. Über das Äussere eines römischen Kauffahrers sind wir am besten unterrichtet durch ein Flachrelief des Museo Torlonia (Abb. 55).

---

[1]) Assmann 1621.

Tracht und Bewaffnung der Gallier.[1]

Tracht: Das rötlich blonde Haar, dessen Farbe man durch künstliche Mittel noch zu erhöhen suchte, wurde allgemein von der Stirne zurück gegen Scheitel und Nacken gestrichen, so dass es völlig einer Rossmähne glich (Diodor. Sic. V, 28; Abb. 65). Die Barttracht dagegen war nach dem Range verschieden: Während nämlich das niedere Volk den Bart teils rasierte, teils stehen liess, erkannte man den Adligen an dem langen, den Mund bedeckenden Schnurrbarte. (Diodor a. a. O. Abb. 64; 65.)

Ihre Kleidung bestand aus Hosen (*bracae*),[2] einem bis zur Hälfte der Oberschenkel reichenden, vorn offenen Rock, Chiton von Diodor bezeichnet, mit oder ohne Ärmel (Abb. 68; 73) und dem Mantel (*sagum*;[2] *sagulum* bei Caesar b. G. V, 42), den eine metallene Spange über der Brust (Abb. 73) oder auf der rechten Schulter (Abb. 74) zusammenhielt. Rock und Mantel waren (aber wohl nur bei den Vornehmen) aus prächtigen, buntfarbigen, gestreiften (Abb. 68) oder geblümten Stoffen gefertigt (Diod. V, 30). Die Vorliebe jedoch für Putz und Schmuck war allgemein bei Männern und Weibern, mochten sie hohen oder niedrigen Standes sein: Die Männer trugen Armspangen und -reifen um Handgelenk und Arm (Abb. 64; 74), um den Hals den gewundenen *torques* (Abb. 64; 65),

---

[1] Das reichhaltige Material, was wir für gallische Tracht und Bewaffnung besitzen, setzt sich zusammen aus Nachrichten der alten Schriftsteller, Darstellungen auf Bildsäulen und Reliefs, Abbildungen auf Münzen und erhaltenen Kleidungsstücken und Waffen. Den besten, für das südliche Gallien auf eigener Anschauung beruhenden Bericht aus dem Altertome verdanken wir dem Stoiker Poseidonios aus Apamea, dem älteren Zeitgenossen Caesars; derselbe ist uns in einem längeren Auszuge bei Diodor (V, 25–32) und einem kurzen bei Strabo (IV, S. 196–198) erhalten.

[2] *bracae* und *sagum* sind keltische Worte.

am Mittelfinger Ringe, alles aus Gold,[1]) wenn sie vornehmen, aus Bronze, wenn sie niederen Standes waren.

Bewaffnung Ebenso wie in der Kleidung machte sich der Standesunterschied in der Bewaffnung[2]) bemerkbar, und zwar besonders in den Schutzwaffen, weniger in den Angriffswaffen.

Schutzwaffen a. Schutzwaffen: Der gemeine Mann ging nackt (Liv. XXXVIII, 21, 9; Diodor V, 30 oder nur mit *bracae* (Liv. XXII, 46, 6), oder mit *sagum* bekleidet[3]) ohne weitere Schutzwaffe als den Schild in den Kampf (Abb. 69;

Schilde 74). Diese wohl durchweg aus Holz (b. G. I, 25) bestehenden Schilde[4]) zeigen auf den Denkmälern, abgesehen von der sehr geringen Wölbung und dem breiten Rande, der ihnen allen gemein ist, die verschiedensten

Gestalt Formen: „länglich viereckig mit geraden (Abb. 66) oder gebrochenen Seitenrändern, also sechs- (Abb. 73) oder achteckig, oval, oben spitz (Abb. 71) oder stumpf (Abb. 68; 69; 81) zulaufend, auch wohl wage-

Grösse recht abgeschnitten" (Abb. 67; 74); ebenso verschieden ist ihre Grösse: während der Schild auf den geprägten Münzen von Ariminum (Abb. 69) den Mann fast vollständig deckt, reichen andere dem Krieger nur bis zur Brust (Abb. 74; 81 [der obere]) oder sind noch kleiner. Die Aus-

Ausschmückung schmückung des Schildes ist am einfachsten auf den Münzen von Ariminum (Abb. 69): dieser „weizenkornförmige Buckel mit den nach oben und unten auslaufenden Gräten" findet sich wieder auf dem Schilde des Kriegers von Avignon (Abb. 74) und auf den Waffenreliefs von der Marmorbalustrade der Athenahalle zu Pergamon (Abb. 81); auf beiden wird er durch einen quer darüber genagelten Metallstreifen festgehalten.[5]) Auf den übrigen Schilden, besonders denen vom Triumph-

---

[1]) Polyb. II, 29, 7 sind alle Gallier in den vordersten Reihen mit goldenen Hals- und Armbändern geschmückt.

[2]) Eingehend haben über gallische Tracht und Bewaffnung gehandelt: de Sauley, Journal des Savants. 1860. S. 74 ff., Lenormant, Comptes-rendus de l'académie. 1867. S. 232 ff.; und zuletzt H. Droysen in den „Altertümern von Pergamon" Bd. II. S. 127 ff. Auf dieser letzterwähnten Arbeit fusst zum grössten Teil die nachfolgende Darstellung. Für die Münzen ist hauptsächlich zu nennen: M. de Lagoy, recherches numismatiques sur l'armement et les instruments de guerre des Gaulois. Aix. 1849.

[3]) Polyb. II, 30 geben die Boier und Insubrer mit Mänteln und Beinkleidern, die Gaesaten nackt in den Kampf.

[4]) Sicher aus Holz ist der des Kriegers von Avignon (Abb. 74); wahrscheinlich auch der obere auf Abb. 81.

[5]) Buckel von gleicher Gestalt sind mehrfach gefunden worden. Vgl. Revue archéol. 1867, XVI. 7 f. XIV; Lindenschmit A. u. h. V. III, 2, 1, 1; 11 ab; 13, 19; Schreiber, Kulturhistor. Bilderatlas, Taf. XLII, 6 und 7.

bogen von Orange (Abb. 73) erscheinen reichere Verzierungen, die aus einfachen Bestandteilen auf die verschiedenste Weise zusammengesetzt, sich auf die beiden Schildhälften stets gleichmässig verteilen.¹) Die viereckigen Schilde auf den Denaren des Furius zeigen über und unter dem Buckel ein liegendes Kreuz; ebenso eigentümlich ist der aus gebrochenen Streifen und Ringen bestehende Schmuck des pergamenischen Schildes auf Abb. 81.

Weitere Schutzwaffen trugen wohl nur die Vornehmen: Die Schriftsteller nennen neben dem Chiton, den sie mit dem kunstreich mit Silber oder Gold verzierten Wehrgehenk umgürteten (Abb. 66²); 68; 73), Ketten-Panzer und Helm (Diod. V. 30).

Die Kettenpanzer, eine gallische Erfindung (Varro de l. l. V, 116), waren aus Eisen³) (Diodor und Varro a. a. O.) oder aus Bronze⁴) gefertigt; auf den Denkmälern erscheinen sie teils mit Ärmeln (Abb. 67), teils ohne dieselben (Abb. 81).

Die Helme sind auf den Denkmälern sehr verschieden gestaltet: „die auf den Denaren sind runde oder spitze Hauben mit abstehendem Rande ohne Nackenschirm und Wangenschutz (Abb. 66–68; 71); auf den Reliefs von Orange finden sich ausser dieser Form auch solche mit Rand und Wangenstücken oder mit tief heruntergezogenem Nackenschirm (Abb. 72a; 73)." Gewöhnlich sind sie geschmückt mit zwei grösseren oder kleineren Hörnern (Diod. V, 30), die nach vorn oder nach den Seiten abstehen, bald wenig, bald stark gewunden sind; zwischen den Hörnern erscheint bisweilen ein Rad (Abb. 72a); auf den Denaren des Furius ist die Helmspitze nach vorn umgebogen und wie ein Vogelkopf gestaltet (Diod. a. a. O.), „von der zum unteren Helmrande senkrecht aufgerichtete borstenartige Spitzen, eine Art Kamm, herabgeht." Gefunden sind auf gallischem Boden drei Helme, der

---

¹) Droysen s. a. O. S. 132 meint, es sähe so aus, als ob diese Sterne, Halbmonde, Vögel u. s. w. aus dünnem Metall ausgeschnitten auf dem Holzgrunde befestigt seien.

²) Auf den Denaren des Furius liegen über dem Chiton bisweilen Lederstreifen, in deren Mitte sich ein runder Buckel von Metall befindet; eine ähnliche Metallplatte zum Schutze und Schmucke der Brust trägt ein Centurio auf einem Grabstein bei Lindenschmit, Tracht und Bewaffnung des röm. Heeres. Taf. I, 4.

³) Rest eines Kettenpanzers aus Eisen Abb. 18.

⁴) Gallische Panzer aus Bronze befinden sich z. B. im Louvre und im Museum von St. Germain.

eine in der Seine bei Amfreville, die beiden anderen in gallischen Gräbern bei Berru (Marne) und Somme-Tourbe (Marne); aber die Form und der Charakter der Verzierungen weist nach A. Bertrands Meinung mehr auf den Orient als auf einheimischen Ursprung hin.[1]

<small>Angriffs-
waffen.</small>
Die Angriffswaffen sind: 1) das Schwert, 2) der Speer, wozu noch 3) Bogen und Schleuder kommen.

<small>Das eigent-
liche gal-
lische
Schwert ist
aus Eisen.</small>
1) Das eigentliche gallische Schwert (Abb. 75) ist lang[2] und breit; das Ende der geraden, zweischneidigen, eisernen Klinge ist abgerundet, so dass die Waffe nur zum Hiebe, nicht zum Stiche brauchbar ist; eine Parierstange war, wie es scheint, nicht vorhanden. Da <small>Bronze-
schwerter.</small> aber diese Schwerter, wie Polybios (II, 33, 3) sagt, sich nach dem ersten Hiebe verbogen,[3] so wurden Bronzeschwerter mit meist schilfblattförmiger Klinge eingeführt (Abb. 76; vgl. Abb. 69); daneben blieb aber das einheimische Eisenschwert[4] noch lange im Gebrauche und überwog sogar, wie die Ausgrabungen von Alesia gerade für Caesars Zeit gezeigt haben.[5] Die Griffe der Schwerter zeigen die verschiedensten Formen, „von den einfachsten bis zum zierlich gestalteten Tierkopfe." (Abb. 73; 74; 76.)

<small>Wurfspeere.</small>
2) Über die Wurfspeere sagt Droysen a. a. O. S. 133: „Von den Formen und Unterschieden der gallischen Wurfspeere (Abb. 67; 73; 82), für die wir mehrere Namen kennen,[6] sich eine deutliche Vorstellung zu machen, ist selbst nach den Denkmälern und den erhaltenen Waffenstücken nicht möglich; wir können hier nur die äusseren Unter-

---

[1] Abgebildet und besprochen in der Revue archéol. 1862, t. V, Tf. V. S. 225—227 (E. Viollet-le-Duc) und 1875. t. XXIX, Tf. IX, X, S. 244—273 (Alex. Bertrand); zusammenfassende Besprechung von A. Bertrand in Archéologie celtique et gauloise. II. Aufl. XVIII, S. 356—370.

[2] Sehr lang und gerade ist das Schwert des einen Reiters auf dem Relief von Entremont (Abb. 82 a).

[3] Ein kurzes, krummes Schwert an einer der Trophäen des Bogens von Carpentras, das Caristie (Monuments antiques à Orange, Tf. 29) abbildet, findet sich auf der Abbildung Labordes (Monuments de la France I) nicht. Droysen S. 132, Anm. 24.

[4] „Die eisernen Schwerter, die in den gallischen Gräbern zum Vorschein kommen, haben, den kurzen Griff mitgerechnet, gewöhnlich eine Länge von 0,9 Meter, sie sind immer zweischneidig, 0,05—0,06 Meter breit, ziemlich dünn und an der Spitze abgerundet und nur zum Hiebe brauchbar." Keller bei Mommsen: Die Schweiz in römischer Zeit. 1854. S. 20. Anm. 3.

[5] Die Mehrzahl der bei Alesia gefundenen Schwerter ist aus Eisen und hat abgerundete Klingenenden. Vgl. Verchère de Reffye in Revue archéol. 1864. X. Tf. XXII.

[6] Von Speeren erwähnt Caesar die *matara* und *tragula* (I, 26), das *gaesum* (IV, 1) die *lancea* (VIII, 48).

schiede bezeichnen, nicht für die einzelnen Formen bestimmte Namen geben."[1])

3) Bogen und Pfeile waren früher bei den Galliern ebenso selten wie Schleudern (Strabo IV, p. 196); dagegen gab es zu Caesars Zeit eine sehr grosse Anzahl Bogenschützen (b. G. VII, 31), und auch Schleuderer werden mehrfach erwähnt (b. G. V, 35; 43; VII, 81). „Auf den Denkmälern findet sich nur einmal (an einer Trophäe des Bogens von Carpentras) eine noch dazu unsichere Spur eines Köchers." *Bogen und Pfeile, Schleudern.*

Schliesslich sei noch kurz der Trompeten der Gallier und ihrer Feldzeichen gedacht:

Die „eigenartig gestaltete, barbarische" (Diodor V, 30) Trompete, von ihnen selbst *karnyx* oder *karnon* genannt (Caesar nennt sie *tuba*, b. G. VIII, 20), wird von Eustathios (zur Ilias 1139) so beschrieben: „Die galatische Trompete ist gegossen und nicht sehr gross, der Schalltrichter hat die Gestalt eines Tieres, der Hals, in den der Trompeter bläst, ist von Blei, ihr Klang ist hell." Dieser Beschreibung entsprechen die in grosser Anzahl auf den Denkmälern dargestellten Trompeten vollkommen: „Das Schallloch wird gebildet durch den weit aufgerissenen Rachen meist eines Drachenkopfes, dessen Kamm emporsteht, bisweilen eines Tierkopfes, der wie der eines Wolfes aussieht; der sehr lange, dünne, runde Hals ist meist gerade, einigemal auch gebogen."[2]) (Abb. 66; 67; 68; 71; 73; 79.)   *Trompeten.*

Als Feldzeichen der Gallier erscheint auf den Denkmälern der auf einer Stange getragene Eber (Abb. 70; 73; 77.)[3])   *Feldzeichen.*

---

[1]) Als gallisch wird angesehen eine eigentümliche bei Alesia gefundene Lanzenspitze (Revue archéol. 1864. X. Tf. XXII; Desjardins, Géographie de la Gaule romaine II, Tf. IX, 9), deren Gestalt ungefähr der Beschreibung entspricht, die Diodor (V, 30, 4) von dem Spiesse (*saunion*) der gallischen Wagenkämpfer (V, 29, 1) macht, die dort angegebene Grösse aber nicht erreicht, wie Desjardins a. a. O. II, 573 versichert.

[2]) Droysen a. a. O. S. 134; das Horn des sterbenden Galliers auf Abb. 65 ist dem römischen *cornu* ähnlich gebildet.

[3]) Ein Eber von Bronze, der einst zu einem solchen Feldzeichen gehörte, ist in der Umgegend von Luxemburg gefunden worden; vgl. A. Bertrand, Archéologie celtique et gauloise Abb. 107 auf S. 419. Über die vier *vexilla* auf den Trophäen des Triumphbogens von Orange vgl. die Erläuterung zu Abb. 73 und Lenormant a. a. O. S. 235 Anm.

Erläuterung der Abbildungen.

Titelvignette. C. Julius Caesar, Kolossalkopf in Neapel (aus der Farnesischen Sammlung). D. Über Caesars Äusseres sind wir besonders durch Sueton und Plutarch unterrichtet; die dort genannten eigentümlichen Züge, die Magerkeit der Wangen, die zu starke Fülle der Lippen und die Kahlköpfigkeit finden sich in diesem überlebensgrossen Kopfe wieder, aber sehr gemildert, die Glatze ist sogar durch Vorkämmen des Haares (wie es der Diktator selbst im Leben gethan: Sueton, cp. 45) fast ganz verdeckt. So hat es der Künstler verstanden, ein ideales Bild des grossen Feldherrn und Staatsmanns zu schaffen, in dem nichts den Eindruck stört, welchen das bedeutende Antlitz auf jeden macht. (Vgl. Bernoulli, Römische Ikonographie I. S. 155 ff.)

Abb. 1. (Nach Lindenschmit, die Altertümer unserer heidnischen Vorzeit III, 6, 5, 1.) D. Der gemeine Soldat der VIII. Legion C. Valerius Crispus[1]) trägt eine schwere, bis zur Mitte des Oberschenkels reichende *lorica* aus Leder, deren eingeschnittene Ärmel unter den Schulterstücken sichtbar werden. Die bis zum Knie reichenden *bracae* sind mit zwei Reihen Lederstreifen besetzt. Die *caligae* sind hier nicht deutlich zu erkennen. Die Zipfel des Halstuches (*focale*) sind unter die lorica gesteckt. Der Helm ist mit *bucculae* und Ohrenschutz versehen und mit einer zweigeteilten *crista* geschmückt. Das breite, mit Metallverzierungen beschlagene *cingulum*, über das vier ebenfalls mit Metall beschlagene Schutzriemen herabhängen, ist hier nur Abzeichen des Soldatenstandes, nicht Wehrgehenk, da das Schwert an einem *balteus* getragen wird; neben dem Schwerte ist die Schnalle und der durchgezogene Riemen

---

[1]) Sein wahrscheinlich zu Ende des I. Jahrhunderts angefertigter Grabstein ist in Wiesbaden gefunden und wird im dortigen Museum aufbewahrt. Die Inschrift lautet: C (aius) Val (erius) C (ai) f (ilius), Berta, Menenia (tribu), Crispus, mil (es) leg (ionis) VIII Aug (ustae), an (norum) XXI, stip (endiorum) XXI, f (rater) f (aciendum) c (uravit).

des cingulum sichtbar. Mit der rechten Hand fasst Crispus das schwere
pilum, mit der linken das gewölbte, viereckige scutum.

Abb. 2. (Nach Lindenschmit, A. u. h. V. I, 6, 5.) D. Der Panzer
des in der Varusschlacht gefallenen Optio (Vicecenturio) der
XVIII. Legion M. Caelius[1]) ist aus Leder gefertigt und am unteren,
bogenförmig ausgeschnittenen Rande sowohl, wie an den Armen mit
je zwei übereinanderliegenden Reihen von Lederstreifen versehen.
Darunter wird die kurzärmelige *tunica militaris* sichtbar.

In der rechten Hand hält Caelius das Abzeichen seiner Würde, die
vitis, mit der linken fasst er das von der linken Schulter herabfallende
sagum. Auf dem Kopfe, der wie gewöhnlich auf den Grabsteinen unbedeckt ist, trägt er die *corona civica* aus Eichenlaub, um den Hals
einen *torques maior*, rechts und links auf der Brust an Bandschleifen
zwei *torques minores*; fünf *phalerae* schmücken die Brust, diese sind an
einem über dem Panzer liegenden Riemenwerk befestigt, zu dem wohl
auch die beiden über die Schultern schauenden Löwenköpfe gehören;[2])
zu diesen militärischen Ehrenzeichen kommen noch an den Handgelenken
breite, glatte *armillae*.

Abb. 3. (Nach Archäologisch-epigraphische Mitteilungen aus
Österreich V, Tafel 5.) B. Auf dem hier abgebildeten mittleren
Teile des Grabsteines des Centurionen T. Calidius[3]) sind, abgesehen von den *caligae*, die wesentlichen Waffenstücke eines Centurionen
abgebildet: Links die *lorica squamata*, deren lederne Unterlage in einer
Reihe kurzer Streifen endet, daneben die *vitis*, rechts die *ocreae* und
darüber der Helm mit breiten *bucculae*; die *crista* ist, wie der Grabstein
in Übereinstimmung mit den Berichten der Schriftsteller zeigt, quer-
gestellt (*transversa*)[4]), damit die Centurionen von ihren Leuten leichter

---

[1]) Die Inschrift des 1623 bei Xanten gefundenen, im Museum zu Bonn auf-
bewahrten Grabsteines lautet vollständig: *M. Caelius, T(iti) f(ilius) Lem(onia tribu) Bon-
(onia), o(ptio) leg(ionis) XIIX; ann(orum) LIII [cec]cidit bello Variano, ossa inferre
licebit. P(ublius) Caelius T(iti) f(ilius) Lem(onia tribu) frater fecit.*

[2]) v. Domaszewski a. a. O., S. 52, Anm. 1, hält diese Köpfe auch für phalerae
und meint, dass Caelius möglicherweise die eine Hälfte derselben auf der Brust, die
andere auf dem Rücken getragen habe.

[3]) Derselbe ist gefunden in Petronell und wird im Wiener Museum aufbewahrt.
Er stammt aus dem I. Jahrhundert nach Christus.

[4]) Über die Befestigung der *crista* sagt Lindenschmit, Tr. u. Bew. des r. H. S. 6.
„Auf dem Grabstein des Centurionen Calidius ist sie offenbar ein Kamm aus Pferde-
haaren in halbbogenförmiger Einfassung, vermittelst eines in der Mitte angebrachten
Stiftes auf eine nicht sichtbare, der Helmhaube aufgenietete Tülle eingeschoben."

3*

erkannt werden konnten. (Veget. II, 16, *centuriones vero habebant cataphractas et scuta et galeas ferreas, sed transversis et argentatis cristis, ut celerius noscerentur a suis.*)

Abb. 4. (Nach Ephemer. epigraph. V, 87.) B. Ehrenzeichen von der Schmalseite eines aus dem II. Jahrhundert stammenden Grabsteins mit der Inschrift: *Sex (to) Vibio Gallo, tricenario, primipilari, praef (ecto) kastror-(um) leg (ionis) XIII gem (inae), donis donato ab imperatoribus honoris virtutisq-(ue) causa torquib (us) armillis phaleris coronis muralibus III vallaribus II aurea I hastis puris V vexillis II. Sex (tus) Vibius Corveianus patrono bene-merenti.* (In Amasra am Schwarzen Meer.)

Unter *a* und *e* sind die in der Inschrift genannten *coronae vallares*, unter *b* die *corona aurea*, unter *c* die fünf *hastae purae* und unter *d* ein *vexillum* abgebildet. Die *hastae purae* haben hier abweichend von den Angaben der Schriftsteller Spitzen.

Abb. 5. (Nach Lindenschmit, A. u. h. V. I, 4, 6, 2.) D. Der signifer der XIV. Legion, Q. Luccius Faustus[1]) trägt einen Lederpanzer, den unten eine Reihe von Lederstreifen abschliesst, während an den Armen zwei Reihen übereinander liegen. Zum Schutze der Schultern ist der Panzer noch durch breite (lederne?) Schulterstücke (*umeralia*) verstärkt, deren Ränder über den Armen aufgeschnitten und nach der Brust zu umgebogen sind. Auf der linken Schulter ist der Visierhelm befestigt, dessen befranste Bänder vorn herabfallen. Um den Panzer legen sich zwei gleichlaufende Gürtel, deren Schnallen neben dem Schwerte sichtbar werden; über die Gürtel fallen vier metallbesetzte Schutzriemen. An dem über die Brust laufenden Riemen (*balteus*) hängt wohl der eirunde Schild. Derselbe hat nur eine Handhabe, die hinter dem Buckel angebracht ist. An den Beinen sind die bis zum Knie reichenden, mit Lederstücken besetzten *bracae*, an den Füssen die *caligae* erkennbar. Mit der Rechten hält L. das Manipelsignum: Dasselbe ist unten mit einem Schuh (*cuspis*) zum Einstossen in die Erde versehen; damit es aber nicht zu tief einsinkt und dann schwer oder gar nicht herauszuziehen ist, was als böse Vorbedeutung gilt, liegt darüber ein Querholz; es folgen zwei Quasten, zwischen denen ein Stück der Stange für die Hand des Fahnenträgers freigelassen

---

[1]) Der bei Mainz gefundene Grabstein wird im Mainzer Museum aufbewahrt. Die Inschrift lautet: *Q (uintus) Luccius, Q (uinti) f (ilius), Pollia (tribu), Faustus, Pollentia, mil (es) leg (ionis) XIIII gem (inae) Mar (tiae) vic (tricis), an (norum) XXXV, stip-(endiorum) XVII, h (ic) s (itus) e (st) heredes f (aciundum) c (uraverunt).*

ist, und ein Halbmond, der eine Kugel umschliesst, über welcher der
Vorderleib eines ziegenartigen Tieres erscheint; darüber zieren den
Schaft sechs Scheiben; unterhalb der Spitze liegt ein Querholz mit
herabhängenden Bändern, zwischen denen wahrscheinlich eine siebente
Scheibe dargestellt gewesen ist. Diese den *phalerae* (S. 15) ähnlichen
Scheiben sind als militärische, dem ganzen Manipel verliehene Ehrenzeichen
anzusehen. Sie waren aus Silber und wurden mittels eines auf
ihrer Rückseite befestigten Erzbügels auf die Fahnenstange geschoben.[1]
Das Tier und der Halbmond dagegen sind Mittel, um den Einfluss des
„bösen Blickes" zu brechen, der bei den alten Römern ebenso gefürchtet
war, wie bei den heutigen Italienern. Dem Signum fehlt nur die wahrscheinlich
an dem oberen Querholz angebrachte Tafel mit der Inschrift,
welche neben der Bezeichnung des Manipels auch die der Kohorte und
der Legion enthielt; dass diese Tafeln auch aus Silber waren, beweist das
ebenfalls im Kastell von Niederbiber gefundene Bruchstück einer solchen
mit der Inschrift $\| C O H \cdot \overline{V} \| \|$[2]) Danach dürfte die vollständige Inschrift
eines Manipelsignums etwa gelautet haben: *L E G · X I I I I ·
G E M · M · V · C O H · V · H ·* (*astati*).[3]

Abb. 6. (Nach Lindenschmit, A. u. h. V. I, 11, 6, 1) J. M. An
diesem Signum einer Auxiliarkohorte vom Grabstein eines signifer
in Bonn unterscheiden wir von unten nach oben folgende Stücke: den
metallenen Schuh, den Griff, eine breite Quaste, einen runden Knauf,
eine zweite, kleinere Quaste, einen Halbmond, einen Adler mit dem
Blitz in den Fängen, eine *phalera*, ein Querholz mit zwei eichelförmigen
Zieraten, eine aufrecht stehende *corona aurea* mit zwei Schleifen und
endlich die Lanzenspitze; die phalera und die corona sind Auszeichnungen,
die der ganzen Kohorte verliehen sind.

Abb. 7. (Nach Lindenschmit, A. u. h. V. I, 9, 4, 1.) B. War auf
dem unter No. 1 besprochenen Grabsteine ein Legionar im Panzer dargestellt,
so zeigt der des P. Flavoleius Cordus[4]) einen Legionar
ohne Panzer in der leichten, nur aus tunica militaris und sagum

---

[1]) Eine solche *phalera* aus vergoldetem Silber mit der Darstellung eines siegreichen römischen Feldherrn ist samt dem zugehörigen Hügel im Kastell zu Niederbiber gefunden worden. Abgebildet ist sie z. B. bei Schreiber, Kulturhistor. Bilderatlas Taf. XLII, Fig. 2 und 3.

[2]) Abgebildet bei Schreiber a. a. O. Fig. 1.

[3]) v. Domaszewski a. a. O. S. 50.

[4]) In Rheinhausen gefunden, aufbewahrt im Mainzer Museum.

bestehenden Tracht, die der Soldat für gewöhnlich anlegte (S. 1): Die Enden des sagum sind auf der rechten Schulter durch eine fibula verknüpft; die sorgsam in Falten gelegte tunica wird von schmalen, verschlungenen Riemen (oder Stricken) zusammengehalten; darunter steckt eine viereckige Platte, an der die sechs metallbesetzten Schutzriemen befestigt sind. Über diesem Gürtel trägt aber Fl. als Wehrgehenk für Dolch und Schwert noch zwei weitere, die sich kreuzen und deren Schnallen nebst den durchgezogenen Riemen rechts und links sichtbar sind; an dem oberen, mit Metallplättchen beschlagenen, ist der Dolch befestigt; wie es scheint, dienten dazu zwei Knöpfe auf dem Gürtel (einer von diesen ist neben dem Dolche deutlich zu erkennen). Hinter Fl. ist sein grosser, platter, länglichrunder Schild zum Teil sichtbar. In der linken Hand hält er zwei Rollen, deren Bedeutung fraglich ist. Den Zeigefinger der rechten Hand hat er durch die Schlinge (amentum)[1] der hasta amentata gesteckt.

Abb. 8. (Nach Lindenschmit, Tracht und Bewaffnung des römischen Heeres in der Kaiserzeit Tf. V, 3) D. Dieser, zur I. Cohorte der Ituraeer gehörige Bogenschütze[2] ist mit der paenula (vgl. S. 2) bekleidet, unter deren Kapuze (cucullus) der Saum der tunica hervorsieht; in der Linken hält er den bespannten Bogen, in der rechten drei Pfeile mit vierkantigen Spitzen.

Abb. 9. (Nach Lindenschmit, A. u. h. V. I, 4, 6, 1) D. Der Adlerträger der XIV. Legion Cn. Musius[3] hat über der tunica militaris (die auf der Abb. nur als schmaler Streif erscheint) den Kettenpanzer (lorica hamata), der den Oberarm und die Oberschenkel bis zur Hälfte bedeckt, und über diesem eine lorica aus Leder angelegt, welche zum Schutze der Arme und des Unterleibes mit je einer Reihe Lederstreifen versehen ist. Die Schultern sind noch besonders durch je sieben (? Metall-) Schienen geschützt, die sich bei jeder Armbewegung untereinanderschieben. Über der lorica liegt ein Netz von mannigfaltig sich kreuzenden Riemen, an denen die Ehrenzeichen (2 torques minores und

---

[1] In diese lederne, ungefähr 9,5 cm lange Riemenschleife, die etwas hinter dem Schwerpunkte der hasta befestigt war, griff man mit einem oder zwei Fingern, durch deren Druck die Schleife gespannt wurde, wodurch sich die Kraft und Sicherheit des Wurfes erheblich vermehrte: Im Jahre 1862 in Frankreich damit angestellte Versuche sollen eine Steigerung der Tragweite bis auf 80 Meter ergeben haben, während man mit derselben hasta ohne das amentum höchstens eine Wurfweite von 20 Metern erreichte.

[2] Sein bei Mainz gefundener Grabstein befindet sich im Mainzer Museum.

[3] Sein bei Mainz gefundener Grabstein wird im dortigen Museum aufbewahrt.

9 einfache *phalerae*) befestigt sind. Das Schwert trägt Musius rechts an dem mit viereckigen Metallplättchen belegten Wehrgehenk (*cingulum*), von dem vier Schutzriemen mit blattförmigen Metallzungen herabhängen; von diesen ist einer durch die Schnalle gezogen. Die Füsse sind mit *caligae* bekleidet. Mit der rechten Hand, deren Gelenk eine *armilla* ziert, hält er das Feldzeichen der Legion, dessen runde Stange unten den metallenen Fahnenschuh (*cuspis*) zum Einstossen (*aquilas figere, signum statuere, constituere*), oben einen metallenen Beschlag erkennen lässt, der bis zu der zum Herausziehen der Stange (*signum convellere*) bestimmten Handhabe herabreicht. Der auf einer sechsseitigen Platte stehende Adler hält ein Blitzbündel in seinen Fängen und im Schnabel eine Eichel. Seine Flügel sind hier wie auf allen Darstellungen der Traianssäule und auf den Münzen hoch aufgerichtet, „als ob er im Begriff wäre aufzufliegen, um der Legion als glückverheissendes augurium voranzuschweben, wie ja wiederholt das Vorausfliegen von Adlern beim Ausmarsche als Wunderzeichen berichtet wird." Der die Flügel schmückende Lorbeerkranz (*corona*) ist als ein der ganzen Legion verliehenes Ehrenzeichen aufzufassen.[1])

Abb. 10. Der Standartenträger einer als von der Marc Aurelssäule (Tf. 51 ed. Bellori) D. trägt die Rüstung der Legionare: *tunica militaris*, Plattenpanzer (vgl. zu Abb. 28), *sagum*, bis zur Wade reichende Hosen und Halbstiefel; der Helm hat Stirnschild, Wangenbänder und Busch. In der linken Hand hält er das mit Fransen besetzte *vexillum*; von dem Brustriemen des Pferdes hängen Zierate herab.

Abb. 11. (Nach Cohen Mon. imp. I, 188 No. 96 Tf. XII.) D. Kopf des Nero mit der corona triumphalis nach rechts. Bronzemünze.

Abb. 12. (Nach Lindenschmit, A. u. h. V. I, 3, 7, 1) B. stellt den Signifer einer Turma der Ala I Hispanorum, Q. Carminius Ingenuus in voller Rüstung dar, wie er über zwei sich mit ihren grossen ovalen Schilden deckende Feinde hinwegsprengt.[2]) Mit der rechten Hand, deren Gelenk eine *armilla* ziert, zückt er die Lanze (*contus*),

---

[1]) Zonaras VII, 21; v. Domaszewski a. a. O. S. 34.

[2]) Die Grabsteine dieser Art sind vergröberte Nachbildungen von griechischen. Einer der bekanntesten ist der des im korinthischen Kriege gefallenen athenischen Ritters Dexileos. (Abgebildet z. B. Kunsthistorische Bilderbogen, Supplement III, Bl. 10, Abb. 6.) Der Grabstein des Carminius ist in Worms gefunden und wird im dortigen Museum aufbewahrt.

am linken Arme trägt er den ovalen Schild, in der linken Hand das *signum*, von dessen Querstange metallene Epheublätter herabhängen. Von der Kleidung ist auf der Abbildung nur der unten eingeschnittene Lederpanzer deutlich zu erkennen, nicht die bis zur Mitte der Wade reichenden Hosen[1]) und die Halbstiefel. Das Schwert hängt an einem einfachen *cingulum*. Vor und hinter dem Oberschenkel wird der Sattel sichtbar, dessen Hinterteil nach vorn gebogen ist. Das Kopfgestell, sowie den Brust- und Schwanzriemen des Pferdes schmücken Metallrosetten.

Abb. 13. (Nach Lindenschmit, Tr. u. B. d. r. H. Tf. VII, 3) D. Viel besser als auf dem eben besprochenen Grabstein ist die Rüstung des Reiters zu erkennen auf dem ihm in der Darstellung ähnlichen des C. Romanius von der Ala Noricorum:[2]) Den Körper des Reiters schützt bis zur Hälfte der Oberschenkel ein unten eingeschnittener Lederpanzer, dessen breite, nach innen aufgerollte Schulterstücke eine Spange über der Brust zusammenhält. Den Kopf deckt ein mit Stirnschild und verzierten Wangenbändern versehener Helm, dessen Haube das Haar nachahmt.[3]) Der stark vorspringende Haubenrand schützt das freiliegende Ohr. Das Schwert, dessen verzierter Griff die zum Einlegen der Finger bestimmten Rippen erkennen lässt, hängt an einem einfachen *cingulum*. Mit der rechten Hand schwingt er die mit starker vierkantiger Spitze versehene Lanze gegen den rücklings zu Boden gestürzten, nur mit einem kurzen Mantel bekleideten Gegner. Hosen und Halbstiefel vervollständigen die Ausrüstung des Reiters. Auch die einzelnen Stücke der Pferdeausrüstung lassen sich deutlich unterscheiden: Der Sattel mit starkem Knopf und erhöhtem Rückende, von dem die drei Zierriemen herabhängen; der Sattelgurt, der Brustgurt und der Schwanzriemen; die beiden letzteren sind mit grossen Scheiben geschmückt. Hinter dem Reiter steht „steif und unthätig" ein mit zwei Lanzen bewaffneter Fussgänger in einem bis zum Knie reichenden Gewande. Über seine Bedeutung kann man zweifelhaft sein: die einen[4])

---

[1]) Die Beinkleider sind niemals ein Bestandteil der römischen Nationaltracht gewesen (Cod. Theod. 14, 10, 2). dieses Kleidungsstück der nordischen Völker (Kelten, Germanen) ist erst in der Kaiserzeit zunächst von den in den Provinzen diesseits der Alpen stehenden Legionen übernommen worden. Lindenschmit, Hdbch. d. d. Akde. I, S. 386.

[2]) Der 1804 in Zahlbach bei Mainz gefundene Grabstein steht im Mainzer Museum.

[3]) Diese Nuancelung des Metalls sollte dasselbe widerstandsfähiger machen.

[4]) A. Müller in Baumeisters Denkmälern des klassischen Altertums S. 2058.

sehen in ihm den Reitknecht (*eques*), die andern ¹) einen jener auserwählten leichten Fusssoldaten, die zeitweise den Reitern beigegeben wurden.

Abb. 14. Consul zwischen zwei Lictoren, voran ein accensus. Kehrseite einer Münze des Brutus im Cabinet de France. (Nach Cohen, monnaies consulaires XXIII, 12) D.

Abb. 15. (Nach Lindenschmit a. a. O. I, 10, 5, 1) D. Der Soldat der IV. Dalmatinischen Cohorte, Annaius²) ist fast genau so gekleidet wie Flavoleius (Abb. 7), auch die Gürtung ist dieselbe; nur sind hier die beiden Schwert und Dolch tragenden Gürtel reich mit Metall verziert und ebenso die acht Schutzriemen, welche an ihrem Ausgangspunkte durch eine Metallplatte zusammengehalten werden. In der rechten Hand hält er zwei Wurflanzen, mit der linken fasst er einen grossen geradlinigen Schild. An den Füssen trägt er die (hier nicht erkennbaren) caligae.

Abb. 16. Augustus als Feldherr. Kolossale Marmorbildsäule, gefunden 1863 in Prima Porta vor Rom, aufgestellt im Braccio nuovo des Vatikanischen Museums. D. Diese sowohl durch sorgfältige Ausführung wie vorzügliche Erhaltung gleich ausgezeichnete Bildsäule stellt Augustus dar in der allocutio mit erhobener Rechten, während die Linke das (ergänzte) Scepter hält. Bekleidet ist er mit der tunica, darüber trägt er den thorax stadios, der reicher als auf den übrigen Panzerstatuen mit Reliefs geschmückt ist: Zu oberst erscheint der Himmelsgott wie gewöhnlich mit ausgestreckten Armen ein grosses Gewand über seinem Haupte erhebend. An ihm vorbei fährt der Sonnengott auf seinem Viergespann, dem Morgentau (mit dem Giessgefäss) und Morgenröte (mit der Fackel) voranschweben. Darunter ist in der Mitte ein römischer Krieger dargestellt, „der durch den Wolf neben ihm als Mars bezeichnet wird;" ihm gegenüber steht ein Parther im Begriff, ihm eins der bei Crassus' Niederlage eroberten römischen Feldzeichen zu überliefern. Diesem Vorgange, der ein für Augustus

---

¹) Lindenschmit, Tracht und Bewaffnung des römischen Heeres, S. 23, wo er Veg. III, 16 anführt: *Quod si equites impares fuerint, more veterum velocissimi cum scutis levibus pedites ad hoc ipsum exercitati eisdem miscendi sunt.* Caesar that dies z. B. vor der Schlacht von Pharsalos. b. c. III, 84.

²) Der aus dem Anfange des II. Jahrhunderts nach Chr. stammende Grabstein ist bei Bingerbrück gefunden und wird im Kreuznacher Museum aufbewahrt. Die Inschrift lautet: *Annaius, Pravai f (ilius). Daverzus (oder Daverzeus) mil (es) ex coh (orte) IIII Delmatarum, ann (orum) XXXVI, stipend (iorum) XV, h (ic) s (itus) e (st), h (eres) p (osuit).*

hochbedeutsames Ereignis vorewigt, sehen zwei trauernde Barbarengestalten, Vortreter besiegter keltischer Stämme zu, während von unten Apollo auf dem Greif und Diana auf dem Hirsche nahen; ganz unten ist die Mutter Erde hingelagert. Sehr wirkungsvoll werden die Reliefs abgeschlossen durch das um die Hüfte gelegte und über den linken Arm geworfene paludamentum. Der Amor auf dem Delphin zur Rechten des Kaisers weist auf die Abkunft des iulischen Hauses von Venus hin. Dagegen haben die Sphinxen, welche die Achselklappen des Panzers schmücken, wohl nur ornamentale Bedeutung. Für uns ist die Bildsäule besonders interessant, weil sie durch ihre einstige Bemalung, von der bei der Auffindung noch reiche Spuren vorhanden waren, eine Illustration zu den Angaben der Schriftsteller über die Farbe der Feldherrnkleidung bildet: „Das Untergewand nämlich war hellrot, der Mantel purpurn, die Fransen des Harnisches gelb; der Grund des Harnisches war nicht gefärbt, dagegen alle Figuren sorgfältig mit blau, rot, gelb bemalt."[1]

Abb. 17. a. b. (Nach Lindenschmit, A. u. h. V. I, 9, 5, 1 und 3) B. Dieser Helm ist aus Eisen, „nur das aufgelegte Stirnband, die Seitenbeschläge der Helmhaube, die Einfassung des Nackenschirmes, die Scharniere an den Wangenbändern sind aus Erzblech, die vorspringenden Knöpfe an beiden Enden des Helmkammes aus Erz". In seiner Gestalt ähnelt er sehr dem Helme des Crispus (Abb. 1.). Die Haube ist oben mässig gewölbt und fällt nach hinten steil ab; an sie schliesst sich im stumpfen Winkel ein breiter Nackenschirm. Von der Mitte der Haube bis zu dem Ansatze dieses Schirmes läuft ein starker Kamm. Der Haubenrand ist ausgeschnitten über dem Ohre, das durch einen stark vortretenden Beschlag geschützt wird (vgl. den Helm des Romanius, Abb. 13). Der obere Teil der in Scharnieren beweglichen Wangenbänder ist dem Stirnrande ähnlich gebildet, der untere ist im stumpfen Winkel umgebogen, um den Hals von der Seite zu schützen.

Abb. 18. (Nach Lindenschmit, A. u. h. V. I, 12, 4, 4) B. Eisernes Drahtgeflecht von einem Kettenpanzer (*lorica hamata*) in Mainz.

Abb. 19. (Nach Lindenschmit a. a. O. I, 12, 4, 2) B. Rest eines in Avenches gefundenen Schuppenpanzers (*lorica squamata*) aus Erz. Privatsammlung in Eichhübel bei Thun.

---

[1] Vgl. Friedrichs-Wolters, Bausteine I³. No. 1610, S. 661 und die dort angeführte Litteratur.

Abb. 20. (Nach Lindenschmit, Tr. u. B. d. r. H. Tf. XII, 13, B. Die *caliga*, der Soldatenschuh, von der sich zahlreiche Exemplare in Mainz gefunden haben, ist aus drei Teilen zusammengesetzt: „aus der starken Sohle von doppeltem oder dreifachem Leder, aus dem eigentlichen Schuh," welcher mit den zum Durchziehen der Schnürriemen geschlitzten Lederstreifen aus einem Stücke geschnitten ist, und aus „einer zweiten, in den Schuh eingelegten schwächeren Sohle, der sogenannten Brandsohle unseres heutigen Schuhwerks." Bei zugeschnürtem Schuh legte sich das Riemenwerk mit seinem oberen Teil über dem Knöchel um das Bein, sein unterer Teil bedeckte den Fuss bis zu den Zehen.[1])

Abb. 21. (Nach Lindenschmit, A. u. h. V. I, 8, 6, 4. B. Diese bei Bonn im Rhein gefundene, trefflich erhaltene Klinge eines *gladius Hispanus* ist 765 Millimeter lang; die Spitze ist verstärkt,[2]) wie die Seitenansicht zeigt; vom Griff ist nur die Angel erhalten, auf der der Fabrikstempel *SABINI* eingeschlagen ist.

Abb. 22. (Nach Lindenschmit, Tr. u. B. d. r. H. Tf. XI, 1. B. Die Scheide des *gladius* besteht sonst aus einer mit Leder überzogenen Holzhülse, die durch metallene, mit Ringen versehene Querbänder zusammengehalten wird; Mundstück und Ortband sind ebenfalls aus Metall. Viel kostbarer ist die 540 Millimeter lange und 84 Millimeter breite Scheide eines Prachtschwertes,[3]) deren Vorderseite hier dargestellt ist: Dieselbe besteht aus Silber und greift wie ein Beschlag um die (in ihren Spuren auf der Rückseite noch erkennbare) Holzhülse. Die mit Eichenlaub eingefassten Querbänder[4]) sind aus vergoldeter Bronze; die Reliefbilder in Bronze getrieben und vergoldet. Das oberste Bild unterhalb des Mundstückes stellt einen thronenden Kaiser in der Tracht des Iupiter dar. Seine linke Hand ruht auf einem am Throne lehnenden Schild mit der Inschrift *FELIC|ITAS|TIBE|RI*, seine rechte streckt er einem ihm nahenden Feldherrn (im thorax und paludamentum) ent-

---

[1]) Lindenschmit a. a. O. u. Deutsche Altertumskunde I, S. 345 f.

[2]) Eine solche Verstärkung war notwendig, weil dieses während des II. punischen Krieges von den Römern eingeführte Schwert mehr zum Stosse als zum Hiebe bestimmt war. Die Klinge ist im Besitz des Herrn Prof. Freudenberg in Bonn.

[3]) Seine stählerne, an die Scheide angerostete Klinge ist 40 Centimeter lang und 7 Centimeter breit.

[4]) Das dritte Querband nebst den Ringen fehlt, nur die Einfassung aus Eichenblättern ist erhalten.

gegen, der ihm ein kleines Victoriabild überreicht; den Kaiser umgeben der bärtige Kriegsgott und die Siegesgöttin. Der Schild der letzteren trägt die Inschrift *VIC(toria) AVG(usti)*. Die Mitte der Scheide ziert ein Medaillon mit dem lorbeergeschmückten Brustbild eines Kaisers, dessen Züge Ähnlichkeit mit dem oben dargestellten zeigen. Unten ist im ersten Felde ein kleines Gebäude mit einem Giebeldach dargestellt, das von vier Säulen getragen wird: In der Mitte unter dem Bogen steht auf einem Untersatze ein Legionsadler mit aufgerichteten Flügeln (vgl. die Erläuterung zu Abb. 9 gegen das Ende hin) und mit einer Perlenschnur im Schnabel, in den Seitenabteilungen je ein Manipelzeichen. Danach haben wir wohl ein *sacellum* vor uns, wie es im Lager zum Aufbewahren der Feldzeichen diente. Darunter im zweiten Felde schreitet eine mit Helm, Lanze und Doppelaxt (*bipennis*) bewaffnete Amazone[1]) nach rechts. Die Scheide endigt mit einem schöngegliederten Knopf.

An dem nach erhaltenen Exemplaren ergänzten Griffe des Schwertes sind die vier Rippen unter dem Knauf zu beachten, die zum Einlegen der Finger bestimmt sind.

Abb. 23. Nach den Denkmälern wiederhergestellter Wurfspeer (*pilum*). (Nach Lindenschmit, A. u. h. V. III, 6, 7, 7) B.

Abb. 24. Bei Alesia gefundene Pilumspitzen. Museum von St. Germain. (Nach Revue archéol. 1884. N. S. X. S. 338.)

Abb. 25. Verschiedene Arten der Verbindung des Pilumeisens mit dem Schaft. (Nach Revue archéol. N. S. X. S. 339.)

Nach Polybius, der eine genaue Beschreibung des Pilum giebt, sind Schaft und Eisen des Pilum je 1,33 m lang; da sie aber behufs Herstellung einer möglichst festen Verbindung tief ineinander gesteckt werden, so beträgt die Gesamtlänge der Waffe nur etwas mehr als zwei Meter. Das Gewicht derselben ist sehr verschieden, denn zur Zeit des Polybius war der Legionar mit zwei Pila, einem schweren und einem leichten bewaffnet; Caesars Soldaten dagegen führen nur eins,

---

[1]) Diese Amazonengestalt haben K. Klein und J. Becker („das Schwert des Tiberius") gestützt auf Horat. od. IV, 4, 17 als Vertreterin der von Tiberius 15 v. Chr. eroberten Provinz *Vindelicia* auffassen und die Waffe als ein Ehrengeschenk des Augustus an Tiberius wegen eines mit Drusus über Vindelicier und Raetier erfochtenen Sieges ansehen wollen. Indessen hat man von anderer Seite dagegen eingewendet, dass Amazonengestalten in der Kaiserzeit auch als Vertreterinnen anderer Provinzen vorkommen (vgl. A. Müller in Baumeisters Denkmälern des klass. Altertums, S. 2073; die frühere Litteratur bei Klein und Becker a. a. O.).

denn in der Schlacht ist nur von einem Wurf die Rede, worauf sofort zum Schwerte gegriffen wird,[1]) und dies eine pilum scheint der leichteren Art angehört zu haben, nach den bei Alesia gefundenen durchweg leichten Pileneisen zu schliessen.[2]) Dieselben haben eine Länge von 0,80—1 Meter und wiegen 300—600 Gramm. Die Spitze dieser dünnen und biegsamen,[3]) bald runden, bald viereckigen Eisenstangen ist teils vierkantig und wie eine kleine Harpune mit vier Widerhaken (Abb. 24 a; vgl. Polyb. a. a. O: $\dot{\alpha}\gamma\varkappa\upsilon\lambda\omega\tau\dot{o}\nu$), teils wie eine Pyramide (Abb. 24 b) oder ein Kegel (Abb. 24 c), teils halbplatt und wie ein Herz gestaltet (Abb. 24 d). Alle diese Formen sollen das Herausziehen des Eisens erschweren.

Rücksichtlich der Verbindung mit dem Schafte lassen sich die bei Alesia gefundenen Eisen in drei Gruppen scheiden:

1) Die Eisen der ersten haben am unteren Ende eine Tülle, die der der gewöhnlichen Lanzeneisen ähnlich ist; in diese wurde der runde Schaft eingeschoben, und wie das noch sichtbare Loch in der Tülle bezeugt, mittels eines Nietnagels befestigt. (Abb. 25 a)[4]).

2) Die Eisen der zweiten Gruppe laufen in eine ungefähr 15 cm lange Angel aus; diese wird in ein dem Schafte eingebohrtes Loch eingetrieben und dort mittels eines Eisen und Holz durchdringenden eisernen Dornes festgehalten; bei der Mehrzahl der hierher gehörigen Pila wird die Verbindung zwischen Speereisen und Schaft noch durch eine runde oder quadratische Zwinge gesichert, die oberhalb des Dorns um den Schaft gelegt ist. (Abb. 25 b).[5])

3) Die Eisen der dritten Gruppe sind am unteren Ende platt geschlagen, so dass eine 28 cm breite Zunge entsteht, welche in den oben gespaltenen Schaft eingelassen und dort mittels zweier Holz und Eisen durchbohrender Nietnägel von ungefähr 28 cm Länge befestigt

---

[1]) z. B. b. G. V, 44, 6—8 Fröhlich a. a. O. I, S. 62.

[2]) Diese, sowie die am Rhein und in der Schweiz gefundenen Wurfspeereisen haben erst ein richtiges Verständnis der Beschreibung, welche Polyb. VI, 23 von dieser Waffe giebt, ermöglicht. Das Verdienst derselben gebührt neben Köchly namentlich Lindenschmit. Dem General Verchère de Reffye verdanken wir die Nachrichten über die bei Alesia gefundenen Pileneisen und deren Wiederherstellung.

[3]) Caesars Pilen waren aus weichem Eisen hergestellt, nur die Spitzen waren gehärtet; daher mussten sich die Eisen, sowie sie auf Widerstand stiessen, umbiegen und konnten aus den Schilden nicht wieder herausgezogen werden. (b. G. I, 25.)

[4]) Verchère de Reffye a. a. O. S. 338.

[5]) Aus dem inneren Durchmesser dieser Zwingen ergiebt sich, dass die Schäfte 25—32 Millimeter stark waren. Verchère de Reffye a. a. O. S. 339 und 341.

wird; daraus geht hervor, dass die Schäfte dieser Art Pilen an der Verbindungsstelle von Eisen und Holz 28 Millimeter im Quadrat gemessen und dass demnach die Ränder des Eisens in einer Ebene mit der Aussenfläche des Holzes gelegen haben; unter den Köpfen der Nietnägel haben breite, runde Nietbleche gelegen, die das Holz zusammenpressten und ein Spalten desselben verhinderten. Genau so sind die Klingen in unseren Küchenmessern befestigt. (Abb. 25 c).[1]

Nach dem Muster der bei Alesia gefundenen hat Kaiser Napoleon III. Pila schmieden und mit denselben Wurfversuche anstellen lassen. Diese Wiederherstellungs- und Wurfversuche ergaben folgendes Resultat: Die *pila* von Caesars Soldaten waren mit dem Schaft 1,70–2 m lang, wogen 700 gr.—1,20 kg. und konnten 30—40 m weit geschleudert werden. (Napoléon, Geschichte Julius Caesars. Deutsche Ausgabe II, S. 68, Anm. 2.)[2]

Abb. 26. Die Schleuderbleie (*glandes*) tragen teilweise bildliche Darstellungen oder Inschriften. So liest man auf dem hier dargestellten, bei Asculum gefundenen Exemplar (nach Zangemeister, Ephem. epigr. VI, 1885, Tf. III, 16) die Worte *FERI | POMP* (*eium*) „Triff den Pompeius", die an die glans gerichtet sind; öfters wurden dieselben auch zu verräterischen Mitteilungen an den Feind benutzt (bell. Hisp. 13, 3; 18, 4).

Abb. 27. Dieser germanische Krieger von der Traianssäule (Froehner Tf. 86.) D. trägt ein langes, weites Beinkleid;[3] seine Bewaffnung besteht aus der Keule und dem Ovalschilde; dieser ist von einem Rande umgeben, innerhalb dessen ein Stern, ein Ring und ein Halbmond erscheint.

---

[1] Verchère de Reffye a. a. S. 340.

[2] Die Ungleichheit in Länge und Gewicht erklärt sich aus zwei Umständen: Einmal waren die Pila wohl der Kraft der einzelnen Soldaten angepasst, und dann ist eine Anzahl Eisen, wie deutliche Spuren erkennen lassen, um die abgebrochene Spitze rasch durch eine neue zu ersetzen, umgeschmiedet und dadurch verkürzt worden, während der am Schaft befestigte Teil des Eisens noch die ursprüngliche Masse zeigt.

[3] Vgl. die Schilderung, die Agathias, hist. II, 5 von einer fränkisch-alamannischen Heerschaar entwirft, die Butilin 553 n. Chr. nach Italien führte: „Der Leib der Männer", heisst es dort, „ist im Gefechte an Brust und Rücken nackt, umgürtet an der Hüfte mit leinenen oder ledernen Hosen, welche die Beine bedecken." Auch engliegende Beinkleider kommen vor, die von der Hüfte bis zum Knöchel herabreichen (vgl. Lindenschmit, Hdbch. d. d. Altkde. I. S. 337 mit Abb. 274). Befestigt werden sie, wie ein aus dem Taschberger Moore in Schleswig stammendes Exemplar deutlich zeigt, um die Hüften mittels eines Gürtels, der durch sechs breite, am oberen Rande des Beinkleides aufgenähte Schlingen gezogen wird. (Lindenschmit a. a. O. Abb. 277.)

Abb. 28. Legionssoldaten im Plattenpanzer (sog. *lorica segmentata*). Von der Traianssäule (nach Froehner S. 82)
B. Auf der Traianssäule (Abb. 31; 47; 61), der Marc Aurelssäule (Abb. 29; 30), dem Severusbogen, dem Fussgestell der Säule des Antoninus Pius (Abb. 40) und noch einigen anderen Denkmälern[1] erscheinen Legionare in einem Panzer, der von den Schriftstellern nicht erwähnt wird und auch auf Grabsteinen noch nicht nachgewiesen ist; trotzdem unterliegt es keinem Zweifel, dass dieser wirklich von den Legionen der Kaiserzeit getragen worden ist; möglicherweise reicht er noch weit über die Kaiserzeit hinauf.[2] Die beiden vorstehenden Abbildungen geben am besten Aufschluss über diese eigenartige Panzerung, welche aus einer Verbindung von Platten und Schienen besteht. Die zwei bis zur Mitte des Oberkörpers reichenden Platten, von denen jede eine Hälfte des Leibes schützt, werden auf dem Rücken durch Scharniere verbunden, auf der Brust durch Schnallen und Riemen geschlossen. Darunter legen sich um den Leib vier bis sieben gleichfalls auf der Rückseite mit Scharnieren versehene Gürtelschienen, (Abb. 30; 47) deren Enden vorn gewöhnlich übereinander geknüpft sind. Die Befestigung der Schulterstücke, die (wie an dem Panzer des aquilifer Musius (Abb. 9) aus drei bis vier Schienen bestehen, ist nicht erkennbar. Die Frage, ob die Platten und Schienen aus Metall oder Leder gefertigt sind, ist nach den Abbildungen nicht zu entscheiden. Für ersteres spricht die Herstellung der Platten aus zwei Teilen und der Verschluss durch Scharniere und Schnallen, sowie der Umstand, dass starke Lederriemen sich nicht übereinanderschieben; dagegen wird geltend gemacht, dass sich nicht das kleinste Bruchstück einer solchen Schiene erhalten hat.[3]

Abb. 29. Gepäckwagen und -karren von der Marc Aurelssäule (Bellori Tf. 61) D. Die beiden vorderen Wagen unterscheiden sich von den beiden letzten sowohl durch ihre Räder, deren Speichen wie Zwergsäulen gebildet sind, als durch ihre Bespannung mit Pferden, während die hinteren Wagen nur rohe Klotzräder haben und von Ochsen gezogen werden. (An dem letzten Karren unten ist der

---

[1] Zusammengestellt von A. Müller im Philolog. XL S. 130 ff.
[2] Vgl. A. Müller a. a. O. S. 123 und in Baumeisters Denkm. des klass. Altertums. S. 2054; Lindenschmit, Tracht und Bewaffnung. S. 8.
[3] Die Herstellung aus Metall nimmt an A. Müller a. a. O.; dagegen ist Lindenschmit, Tr. u. B. d. r. H. S. 8.

durch das Nabenloch getriebene Achsnagel deutlich zn erkennen.) In den vorderen haben wir demnach wohl römische Wagen, in den anderen requirierte germanische Karren zu erkennen. Unter den römischen ist der zweite durch die grössere Zahl seiner Räder und durch die den Wagenkasten schmückenden Blumengewinde ausgezeichnet. Starke Stricke oder Riemen, die durch Ringe am Wagenkasten laufen, halten die hochgeschichtete Ladung fest. Ähnlich ist auch die Ladung des vorderen Wagens befestigt. Die Karren sind zum Teil mit Waffen beladen.

Abb. 30. Agmen quadratum. Von der Marc Aurelssäule (Bellori Tf. 66). D. Die im Viereck marschierenden Legionare umgeben einen von zwei Pferden gezogenen, hochbeladenen Wagen, der das Gepäck des Heeres darstellen soll. Bei der rechten Abteilung befinden sich zwei Offiziere. Die Legionare tragen die lorica segmentata, die tunica, Beinkleider und caligae. Die mit Stirn- und Nackenschirm, sowie Wangenbändern versehenen Helme sind mit Büschen geschmückt. Die scuta zeigen alle den geflügelten Blitz.

Abb. 31. Anlegung eines verschanzten Lagers. Relief der Traianssäule (Froehner Tf. 64). D. Wir sehen die Legionare im Panzer (accincti) bei der Arbeit ein verschanztes Lager anzulegen, das wie alle auf der Traianssäule dargestellten Lager einer Festung gleicht. Im Innern desselben stellen drei von ihnen die Umfassungsmauer aus regelmässig behauenen Quadern her, die der rechts aussen kniende Legionar mit Meissel und Schlägel zuzuhauen scheint, während ein anderer zur Linken durch Anlegen des Richtscheites prüft, ob die Steine fluchtrecht liegen. Der Legionar zwischen ihnen ist mit dem Ausheben des Grabens beschäftigt, in dem er bis zur Mitte des Leibes steht; er hat eben einen Korb mit ausgestochener Erde gefüllt und ist im Begriff denselben anzuschütten.

Abb. 32. Traian spendet seinen Soldaten Geschenke. Relief der Traianssäule (Froehner Tf. 70). D. Auf einer Erhöhung steht die sella castrensis des Kaisers; derselbe trägt (ebenso wie die ihn umgebenden höheren Offiziere) die S. 6 und 41 f. beschriebene Tracht. Die Beine bis zur halben Wade bedecken Hosen, die Füsse künstlich geschnürte Sandalen. Die Soldaten steigen einer nach dem andern hinauf, um aus seinen Händen die verdienten Belohnungen zu empfangen. Einer der Soldaten entfernt sich eben — voller Freude, wie seine Handbewegung zeigt; — auf der linken Schulter trägt er einen Sack mit Geld. Ein zweiter küsst ehrfurchtsvoll des Kaisers Hand.

Abb. 33. *ADLOCVTIO. S(enatus) C(onsulto).*[1] Kehrseite einer Bronzemünze des Galba. (Nach Cohen, déscription des monnaies frappées sous l'empire romain I, 228 Nr. 101 Tf. XIV.) D. Auf dem *suggestus* zur Linken steht in Begleitung eines höheren Offiziers der Kaiser; beide im *thorax* und *paludamentum*. Der Kaiser spricht zum Heere, das durch vier Soldaten angedeutet ist; der eine von diesen trägt ein mit drei phalerae und einer Hand geschmücktes Manipelsignum und Schild, der zweite Lanze und Schild, die anderen nur Lanzen; im Hintergrunde sieht man ein vexillum und einen Legionsadler, zwischen den beiden Soldaten zur Rechten Kopf und Vorderbeine eines Pferdes. (Der Kopf hier undeutlich; über die Hand vgl. S. 56 A. 2).

Abb. 34. *GERMANIA CAPTA.* (Nach Cohen a. a. O. I, 429 Nr. 350 Tf. XIX.) D. Kehrseite einer Bronzemünze des Domitian mit einer aus germanischen Waffen gebildeten Trophäe; links unter derselben sitzt auf einem sechseckigen Schilde eine Germanin, das Haupt trauernd in die Hand gestützt; zur Rechten steht ein Germane in Mantel mit auf den Rücken gefesselten Händen, zu seinen Füssen liegt ein Helm, und daran lehnt ein sechseckiger Schild. Das tropaeum krönt ein Helm, hinter dem rechts und links zwei Lanzen sichtbar werden, darunter hängt ein Gewand, über das eine Kette herabfällt; rechts und links sind zwei sechseckige Schilde befestigt, die einen dem der gallischen Schilde (Abb. 67; 68) ähnlichen Buckel zeigen.

Abb. 35. Angriff auf eine germanische Befestigung. Relief der Marc Aurelssäule (Bellori Tf. 36.) D. Römische Legionssoldaten haben aus ihren scuta ein Schilddach (*testudo*) gebildet, um an den Fuss einer germanischen Befestigung zu gelangen, die sich auf einer Anhöhe erhebt. Die Verschanzung besteht in ihrem unteren Teile aus Holz, in ihrem oberen aus Weidengeflecht. Starke aus Weiden gedrehte Seile geben dem Ganzen festeren Halt. Der Verband der Holzwand wird ausserdem noch am oberen Rande durch eine aufgenagelte Latte verstärkt. Vier mit Obergewand und Mantel bekleidete Germanen suchen die Annäherung der Stürmenden zu verhindern, indem sie alles, was ihnen zur Hand ist, auf sie herabschleudern: Lanzen, Schwerter, Felsblöcke, schwere Räder, Töpfe, wohl mit siedendem

---

[1] Dies Münzzeichen erklärt sich daraus, dass die Kaiser das Recht der Prägung der Kupfermünzen dem Aerarium überliessen, das unter der Aufsicht des Senates stand, während sie selbst sich die Prägung der Silber- und Goldmünzen vorbehielten.

Wasser gefüllt. Die Fackeln können auch die von linksher nahenden Römer gegen das Weidengeflecht geschleudert haben.

Abb. 36. Römische Soldaten brennen ein deutsches Dorf nieder. Relief der Marc Aurelssäule (Bellori Tf. 19). D.
Rechts sehen wir einen Römer, der eine deutsche Frau bei den Haaren gepackt hat; ihren kleinen Sohn führt sie an der Rechten, während sie die Linke flehend erhoben hat. Ihre Tracht ist die von Tacitus überlieferte (Germania cp. 17): Ihr langes Gewand mit dem kürzeren Oberkleide hat „keine Ärmel, so dass Schultern, Arme und auch ein Teil der Brust unbedeckt bleibt". Der Kleine trägt wie die Männer Hosen und ein gegürtetes Obergewand, nur der Mantel fehlt ihm. Die in unnatürlich kleinen Verhältnissen dargestellten Hütten des Dorfes sind „aus rohem Gebälk gezimmert ohne Bedacht auf Schönheit und Anmut" (Germania cp. 16); die meisten sind kuppelförmig (wie es scheint mit Stroh) gedeckt, nur eine (ganz vorn) zeigt ein Giebeldach (aus Bohlen?). Die Römer tragen über der tunica den Schuppenpanzer (*lorica squamata*), Hosen und caligae. Die Zipfel ihrer Halstücher sind über den Panzern sichtbar. Das Schwert tragen sie meist am Bandelier auf der rechten Seite. Der Schild, dessen Innenseite mit den Handhaben bei dem Römer links sichtbar ist, ist mit einem Buckel und Beschlägen aus Metall versehen.

Abb. 37. Kriegsrat deutscher Fürsten. Relief der Marc Aurelssäule (Bellori Tf. 71, 72). D. Die vier Fürsten sind nur durch den erhöhten Sitz von den anderen Männern unterschieden; denn das lang herabwallende Haar, der Vollbart und die Kleidung ist ihnen allen gemeinsam. Letztere ist die der Wohlhabenden, wie wir sie aus Tacitus kennen: Bis zum Knöchel reichende Hosen[1]), anschliessendes gegürtetes Obergewand und darüber der von einer Spange oder einem Dorn auf der rechten Schulter zusammengehaltene Mantel.[2]) Zwei von ihnen führen den eigentümlichen germanischen Speer, die *framea*. Die Pferde sind sehr einfach gezäumt und haben weder Sattel noch Decke (vgl. b. G. IV, 2, 4.)

Abb. 38. Germanische Reiter im Kampfe mit Römern. Relief der Marc Aurelssäule (Bellori Tf. 25). D. Der germa-

---
[1]) Hist. II, 20. vergl. Abb. 26 nebst Anmerk.; Lindenschmit, Handbuch der deutschen Altertumskunde I, S. 336 f.
[2]) Germania cp. 17.

nische Reiter ist in die oben (zu Abb. 37) beschriebene Tracht gekleidet;
seine ganze Bewaffnung besteht in Übereinstimmung mit Tacitus
(Germ. cp. 6), der Helme und Panzer eine grosse Seltenheit bei den
Germanen nennt, nur aus dem bemalten Holzschilde und der (in der
erhobenen Linken zu ergänzenden) frames. Der gegen ihn von vorn
andringende Römer trägt über der tunica militaris ein unten ausgezacktes Lederwams; die Füsse stecken in caligae. Sein Helm ist
mit Stirn- und Nackenschirm und Wangenbändern versehen. Den
eirunden Schild hat er zu seiner Deckung erhoben, mit der Rechten
zückt er das (zu ergänzende) Schwert.

Abb. 39. Triumphzug des Kaisers Marcus Aurelius.
Flachrelief im Conservatorenpalast zu Rom. (Nach Bartoli und Bellori,
Admiranda Tf. 8, 34.) D. Wir erblicken den Kaiser auf dem von vier
Rossen gezogenen Triumphwagen, neben dem ein *apparitor* schreitet,
während ihm ein Tubabläser *(tubicen)* voraneilt; beide sind bekränzt.
Der Kaiser trägt die purpurnen, goldgestickten Gewänder des capitolini-
schen Iupiter, die *tunica palmata* und die *toga picta*, in der Rechten hält
er einen Lorbeerzweig; an Stelle des *servus publicus*, welcher sonst die
goldene Krone des Iupiter über dem Haupte des Kaisers zu halten
hatte, erscheint hier die Siegesgöttin. Auf dem Kasten des Wagens
sind Neptun und Minerva, stehend zu beiden Seiten einer thronenden
Göttin, dargestellt; auf einem zweiten Reliefstreifen kommen Sieges-
göttinnen zum Vorschein. An der Radnabe und vorn an der Deichsel
sind zur Abwehr des bösen Blickes Löwenköpfe angebracht. Vor dem
Zuge öffnet sich ein Bogen, während in der Höhe ein Tempel angedeutet
ist: Derselbe zeigt eine Thür zwischen den vier Säulen der Front, sein
Giebel entbehrt des Schmuckes und der Bekrönung.[1]

**Abb. 40. Decursio der Ritterschaft und der Leibwache
um den Scheiterhaufen des Kaisers.** Hochrelief vom Fussgestell der Säule des Antoninus Pius im Giardino della Pigna im Vatican.
D. Wenn die Bahre mit der Leiche des Kaisers auf dem in seinem
Aufbau einem Leuchtturm (Abb. 55) gleichenden Scheiterhaufen gesetzt
ist, so zieht die gesamte Ritterschaft und die Leibwache der Prätorianer

---

[1] Über die Deutung des Tempels und des Bogens gehen die Ansichten aus-
einander: Vgl. Braun, Ruinen und Museen Roms S. 122 f.; Gerhard, Beschreibung
Roms III., 1, S. 112; Philippi, römische Triumphalreliefs, Abhandlungen der Sächs.
Gesellschaft der Wissenschaften IV, S. 231—291.

im feierlichen Parademarsche an den Bau und führt dann einige militärische Bewegungen aus. Letztere sind hier dargestellt.

Abb. 41, a, b, c. (Nach Napoléon, Atlas zur Geschichte Julius Caesars Taf. 9) v. G. Caesars Lager an der Aisne. Vgl. S. 11—13.

Abb. 42. (Nach Cohen Mon. imp. I, 188 N. 98 Tf. XII) D. Kehrseite einer Bronzemünze des Nero mit der Inschrift: *Augusti* und *s (enatus) por (tus) Ost (iensis) c (onsulto)*. Dargestellt ist der Hafen von Ostia mit den ihn umgebenden Bauten; das Innere ist von sieben Schiffen belebt; oben erhebt sich der von einer Bildsäule des Neptun überragte Leuchtturm (vgl. Abb. 55); unten liegt der Gott des Tiber ausgestreckt; in den Händen hält er einen Delphin und ein Ruder.

Abb. 43. (Nach Cohen Mon. imp. II, 212 N. 876 Tf. IV.) D. Kehrseite einer Bronzemünze des Hadrian mit der Inschrift: *Felicitati Aug (usti)* auf dem Grosssegel einer mit Truppen beladenen, nach rechts hinfahrenden *biremis* (?). Der Mast wird von vorn durch das doppelte Bugstag, von den Seiten durch je fünf Wanttaue gehalten; auf dem Segel sind die Gordings angedeutet; nach der Spitze des mit einem zweischeibigen Block versehenen Mastes (vgl. Abb. 55) fahren jederseits drei Taue (Toppnanten); auf dem Hinterschiffe stehen neben der von einem dreiteiligen *aplustre* überragten Kapitänskajüte ein den Manipelzeichen ähnliches *signum* und ein *vexillum*; das mit dem Sporn bewehrte und mit dem symbolischen Auge versehene Vorschiff trägt die Bildsäule des Neptun mit dem Dreizack.

Abb. 44. (Nach Cohen Mon. imp. VI, 175 N. 4. Tf. IV) D. Kehrseite einer Bronzemünze des Constantin (?) mit der Umschrift: *Victoria Aug (usti)*. Darunter fährt ein mit fünf Ruderern bemanntes Schiff nach rechts. Über dem mit einer Galerie versehenen und mit *cheniscus* und dreiteiligem *aplustre* geschmückten Hinterschiffe wölbt sich die Kapitänskajüte; die in ihr auf einer *sella curulis* sitzende Gestalt ist wohl der Kaiser; seine Hand hält das mittlere der drei den Prätorianersigna ähnlichen Feldzeichen. Über dem spornbewehrten Vorschiff erscheint die Siegesgöttin mit Kranz und Palmenzweig.

Abb. 45. Opfer im Lager. Relief der Traianssäule (Froehner Tf. 35) L. Im Innern des von einer zinnengekrönten Mauer umgebenen Lagers sind fünf Zelte sichtbar, von denen zwei auf der Vorderseite durch Stoffvorhänge geschlossen sind. Vor dem durch seine

Grösse und durch die daneben aufgepflanzten Prätorianersigna¹) kenntlichen Feldherrnzelte bringt der Kaiser auf dem aus Steinen errichteten Altar ein Opfer dar. Um jede Störung fernzuhalten, weil eine solche für eine böse Vorbedeutung (*omen*) gilt, fordert der römische Brauch, dass der Opfernde das Haupt mit der toga verhüllt (*velato capite*) und dass ein Flötenspieler (*tibicen*) während der ganzen Dauer der heiligen Handlung bläst. Traian hält in der einen Hand ein Opfergerät, mit der andern giesst er aus einer Schale eine Spende in die Flammen. Ihm gegenüber steht ein Opferknabe (*camillus*) mit langem, lockigem Haar in kurzer *tunica*, in der Rechten trägt er eine Weinkanne. Hinter dem Flötenbläser werden noch vier Personen sichtbar, die wie alle übrigen Teilnehmer an der heiligen Handlung bekränzt sind. Der Mann mit dem entblössten Oberkörper links vor dem Lager ist der Opferstecher (*cultrarius*); um den Leib hat er eine Schürze gebunden, in deren Gürtel eine breite Scheide mit zwei Opfermessern hängt; ein Gehülfe neben ihm hält die Kanne mit dem Weihwasser. Rechts führt der mit dem Beil bewehrte Opferschlächter (*victimarius*), unterstützt von seinen Gehülfen, die drei Tiere, aus denen das römische Staatsopfer der *suovetaurilia* (Schwein-, Schaf-, Rindsopfer) besteht. (Das Schwein ist hier nicht mit abgebildet.) Den Rücken des Stieres schmückt eine breite, mit Fransen besetzte Binde.

Abb. 46, 47. Befestigte Vorratshäuser und Blockhäuser (*castella*). — **Übergang des römischen Heeres über die Donau auf einer Schiffbrücke. Reliefs der Traianssäule (Froehner Tf. 27, 28 und 31—33).** Nach Hertzberg, Geschichte des römischen Kaiserreichs: Die Darstellung bildet den Anfang des sich spiralförmig um die 113,276 Meter hohe (113 nach Chr. errichtete) Traianssäule windenden Reliefbandes, das in 114 Bildern mit etwa 2500 menschlichen Figuren eine getreue Schilderung der Kriege des Kaisers Traian gegen die Dacier (im heutigen Rumänien und Siebenbürgen) giebt.

---

¹) v. Domaszewski a. a. O. S. 59, Anm.: „Neben dem Prätorium sind die Prätorianersigna aufgepflanzt, durch einen Zwischenraum von ihnen getrennt neben dem Lagerwalle die Legionssigna. Nun wissen wir aber aus Hygin, dass neben dem Prätorium die Prätorianer und in einiger Entfernung von ihnen, ebenfalls an der Via principalis, die erste Cohorte der Legion lagert, bei welcher die *signa* aufgestellt sind. Interessant ist dieses Bild auch deshalb, weil es geradezu eine Illustration zum Hygin bildet." Die auf Bartoli zurückgehende Abbildung giebt die *signa* in einzelnen Stücken nicht genau wieder.

Wir sehen auf dem römischen Donauufer eine Reihe von befestigten Vorratshäusern und Kastellen. Das erste Gebäude links ist aus Quadern gebaut, das Dach scheint aus Brettern zu bestehen. Zu ebener Erde befindet sich weiter keine Öffnung, als die Eingangsthür, über ihr eine Luke, die das einzige Stockwerk erhellt. Der kleine Hof ist durch einen Pfahlzaun verteidigungsfähig gemacht.[1])

Der darauf folgende Holzhaufen und die zwei Heu- oder Strohschober deuten an, dass wir eins jener befestigten Magazine vor uns haben, wie sie im Rücken des Heeres an Knotenpunkten von Landstrassen oder an Wasserwegen errichtet wurden. Weiter rechts, wo das Ufer etwas ansteigt, stehen zwei viereckige Türme mit Zeltdächern, jeder ist von einem Zaun umgeben, dessen Pfähle durch ein Querholz verbunden sind. Um das einzige Stockwerk zieht sich ein Rundgang mit hölzernem Geländer. Es sind befestigte Beobachtungsposten, wie die aus den Fenstern herausgestreckten, als Signale zur Alarmierung der Postenkette dienenden Fackeln zeigen. Der erste Turm ist nicht bewacht, vor dem andern aber stehen zwei Posten: Bekleidet sind diese, wohl zu einer Auxiliarabteilung gehörigen Krieger mit engen Kniehosen, ausgezacktem Lederwams und *sagum*. An der rechten Seite tragen sie das Schwert, am linken Arm einen ovalen Schild. In der rechten Hand haben sie wohl eine Lanze gehalten.

Abb. 47 zeigt uns auf der Höhe eines Felsens am Donauufer eine befestigte Stadt, wahrscheinlich Viminacium, Kostolatz in Serbien, das Hauptquartier der *legio VII Claudia pia fidelis*. Ganz links neben einem Hause, dessen Bretterdach mit Querhölzern befestigt ist, sehen wir einen Bau, dessen unteres Stockwerk sich in vier Bogen zwischen Halbsäulen oder Pfeilern öffnet; hinter ihm streben schlanke Pappeln auf. Drei gewölbte Thore führen in die Festung, deren Quadermauern von Zinnen gekrönt sind. Über zwei Thoren befindet sich noch ein Stockwerk, bestimmt für die Soldaten, welche den Eingang zu verteidigen und das Fallgatter zu heben oder niederzulassen haben. Im Innern der Festung werden noch mehr Gebäude sichtbar. In den Felsen gehauene Fusssteige führen zum Strome hinab; dort wölbt sich im Felsen unter der Stadt die Grotte des Flussgottes Danuvius, der von

---

[1]) Blockhäuser von ähnlichem Grundriss sind in ihren Resten längs des Pfahlgrabens aufgedeckt worden (z. B. zwischen der Saalburg und der Lochmühle bei Homburg vor der Höhe).

dem Künstler in übermenschlicher Grösse dargestellt ist: Mit Schilfrohr bekränzt, Haar und Bart von Wasser triefend, einen Mantel um den Oberkörper und den linken Arm geschlagen, so ragt er mit halbem Leibe aus den Fluten hervor. Sein Gesicht ist nach rechts den zwei[1]) Schiffbrücken zugewendet, die Kaiser Traian über den Strom hat schlagen lassen.

Auf die vordere Brücke mündet das Hauptthor der Festung; dasselbe ist im Verhältnis zu den übrigen unnatürlich klein dargestellten Bauten der Festung viel zu gross, immerhin aber noch so eng, dass nur zwei, höchstens drei Soldaten es nebeneinander durchschreiten können, was der Wirklichkeit kaum entsprechen dürfte. Die dargestellten Soldaten sind alle mit der kurzärmeligen *tunica militaris* und bis zur Mitte der Waden reichenden Hosen bekleidet; gerüstet sind sie mit der *lorica segmentata*, darüber liegt das metallbeschlagene *cingulum militiae*, von dem drei bis vier Schutzriemen herabfallen; das Schwert hängt an der rechten Seite, der mit kreuzweise aufgelegtem Spangenwerk versehene Helm ist, wie immer auf dem Marsche, an der rechten Schulter befestigt. Auf dem am linken Arm getragenen *scutum* erscheint als Schmuck innerhalb der Randbeschläge ein Kranz, der eine sternähnliche Figur umgiebt. Das Gepäck, die Lebensmittel und Kochgeräte sind an der Spitze von Stangen, den sogen. *muli Mariani*, aufgehängt; man unterscheidet bei den verschiedenen Soldaten einen Schlauch, eine vermittelst sich kreuzender Schnuren verbundene und mit Ringen zum Aufhängen versehene Tasche, ein Netz, einen Kochtopf und ein Schöpfgefäss. Das *pilum*, welches in der rechten Hand getragen wurde, ist vom Bildhauer nicht mit ausgeführt worden. Von den dem Heere voranschreitenden Fahnenträgern haben fünf über den Helm ein Bärenfell gezogen, das sich auch über die Schultern legt und mit seinen Tatzen unter dem Halse befestigt ist. Ihre Kleidung besteht gleichfalls aus Hosen und *tunica*; über dieser tragen sie ein unten und an den Ärmeln ausgezacktes Lederwams; das Schwert hängt am Bandelier, am linken Arme der ovale Schild. Die zwei mit den Bärenfellen bekleideten Fahnenträger auf der vorderen Brücke tragen ganz gleiche *signa*: Die runde Fahnenstange ohne Schuh und Handhabe trägt zu unterst eine Quaste, darüber einen Halbmond, sechs *phalerae*, ein Querholz, dessen

---

[1]) v. Domaszewski a. a. O. S. 58, A. 3; Froehner a. a. O. nimmt nur eine Brücke an, die eine Insel kreuzt.

Enden mit Bändern geschmückt sind, an denen Epheublatter hängen und zu oberst eine rechte Hand in einem aufrechtstehenden Kranze. Zwischen ihnen schreitet mit unbedecktem Kopfe der Adlerträger; der Adler steht auf einem vierseitigen kapitellartigen Fussgestell mit erhobenen Flügeln, die von einer *corona muralis* umgeben sind; diese Auszeichnung ist der Legion zu teil geworden, weil ihre Fahne zuerst auf der Mauer einer eroberten Stadt aufgepflanzt wurde.[1]) Der aufrecht stehende Kranz der *signa* ist nach ihrer Form die *corona aurea*. „Die Hand muss nach der Stelle, wo sie an der Fahnenstange angebracht ist, auch als ehrende Auszeichnung aufgefasst werden und zwar als eine solche, die allen *signa* einer Legion zukommt, da sie sich auf allen *signa* einer und derselben Scene findet."[2]) Da diese *signa* fast immer auf der Säule mit dem Legionsadler auftreten, so sind in ihnen mit Sicherheit die *signa* der Manipel zu erkennen.[3]) Hinter dem Adlerträger marschiert gleichfalls mit unbedecktem Kopfe der Fahnenträger einer *vexillatio*; das *vexillum* ist mit einem einfachen Fransenstreifen geziert. Von einem zweiten Adler rechts hinter den Legionssigna ist nur das Fussgestell erhalten.

Ganz anders als die Manipelsigna der Legionen sind die *signa* der drei Fahnenträger auf der hinteren Brücke gebildet. Da die *signa* dieser Art als stehendes Abzeichen die Kaiserbilder (*imagines*) tragen und stets den Kaiser begleiten, so sind in ihnen die Feldzeichen der Prätorianer zu erkennen:[4]) Auf der Fahnenstange derselben ist zu unterst befestigt eine Quaste, es folgt eine *imago*, ein Kranz, eine *corona classica*, ein Kranz, ein Querholz mit Bändern, an welchem Epheublätter hängen, ein Adler, der von einem aufrechtstehenden Kranze umschlossen wird, ein Kranz und eine undeutliche Figur (Victoria?) vor einem *vexillum*. Alle drei sind gleichgebildet, nur das eine *signum* links zeigt statt der

---

[1]) v. Domaszewski a. a. O. S. 34.

[2]) v. Domaszewski a. a. O. S. 52 vermutet, dass diese Hand mit dem Beinamen der ausmarschierenden Legion *(legio VII Claudia pia fidelis)* in Beziehung steht und als Symbol der *fides* zu betrachten ist.

[3]) „Wenn der Legionsadler auf der Säule wie auf den Münzen meist in Begleitung zweier Legionssigna auftritt, so ist darin die Absicht des Künstlers zu erkennen, die in ihrer Gesamtheit nicht darstellbaren signa neben dem einen Legionsadler durch ihre Zweizahl als eine Vielheit zu kennzeichnen." v. Domaszewski a. a. O. S. 41.

[4]) „In ihrer regelmässig erscheinenden Dreizahl symbolisieren sie eine Prätorianercohorte." v. Domaszewski a. a. O. S. 59.

untersten *imago* eine *phalera*. Auch ihnen folgt der Träger eines *vexillum*, über dem eine Siegesgöttin auf einem Kranze steht; da es im Verein mit den Prätorianersigna auftritt, so ist wohl an eine *vexillatio* der Prätorianer zu denken.¹)

Vor den Fahnenträgern erscheinen zwei *cornicines* mit ihrem eigentümlich gestalteten Horn (Siehe S. 7).²)

Die Gestalt am Ende der vorderen Brücke vor dem Adlerträger und eine gleichgekleidete auf der hinteren Brücke sind höhere Offiziere: Ihre Tracht erinnert an die der gepanzerten Kaiserbildsäulen (Abb. 16): Der thorax stadios ist unten mit einer doppelten, an den Armen mit einer einfachen Reihe Lederstreifen versehen. Um den Leib ist das cinctorium geschlungen, der Mantel wird auf der rechten Schulter durch eine fibula gehalten. Die Offiziere und der Kaiser tragen dieselben kurzen Hosen wie die Soldaten, in der Hand halten sie anscheinend eine Rolle.

Davor schreitet eine Anzahl von Reitern, welche Pferde führen. Nur bei fünf von ihnen sind die Lanzen (*conti*) im Relief erhalten; die Bewegungen der Arme indes lassen erkennen, dass sie einst alle Speere hatten. Die Reiter sind ähnlich gerüstet wie die Fahnenträger. Die Pferde, an denen das Zaumzeug besonders gut erkennbar ist, tragen unter den Sätteln gestickte Schabracken; das am weitesten zur Rechten ist mit dem ovalen Schilde des Reiters belastet.

Traian marschiert zu Fuss an der Spitze seiner Truppen; mit ausgestreckter Hand weist er ihnen den Weg zum Siege.³)

Abb. 48, 49. Caesars Rheinbrücke. Wiederherstellung durch Kaiser Napoléon III. Museum von St. Germain. D.

A A *tigna bina sesquipedalia*, Jochpfähle von 1,5 römischem Fuss (= 0,45 m) Dicke, die paarweise in einem Abstande von 2 Fuss

---

¹) v. Domaszewski a. a. O. S. 79 denkt in erster Linie an ein *vexillum* der *evocati*.

²) Dass ihr Platz auf dem Marsche vor den Feldzeichen der Legionen ist, wissen wir aus Josephus b. J. V, 2, 1. v. Domaszewski a. a. O. S. 7.

³) Hinter ihm erscheint noch ein Stück des nächsten Bildes: Traian sitzt mit zwei höheren Offizieren (der eine ist zur Hälfte sichtbar) auf dem (hier aus Steinen hergestellten) Tribunal und hält einen Kriegsrat ab. Hinter den Beratenden stehen acht Liktoren; zwei davon sind sichtbar.

(= 0,6 m) mit einander durch Querhölzer verbunden, schräg in das Flussbett eingerammt sind.[1]) Der Abstand der Jochpaare auf der Wasserlinie beträgt 40 Fuss (= 12 m).

BB *trabes bipedales*, Balken von 2 Fuss (= 0,6 m) Dicke, die oben zwischen die beiden Jochpfähle jedes Paares eingelassen sind.

CC *fibulae*, hölzerne Bänder, die an den Jochpaaren zu beiden Seiten so angebracht sind, dass diese sich weder von einander entfernen noch einander nähern können.[2])

DD *directa materia longuriis cratibusque constrata*, mit Stangen und Flechtwerk bedeckte Langhölzer.

EE *sublicae ad inferiorem partem fluminis oblique actae*, stromabwärts in schiefer Richtung angebrachte Streben, welche die Jochpfähle stützen.

FF *sublicae supra pontem immissae, defensores*, oberhalb der Brücke eingerammte Pfähle, welche dieselbe gegen herabtreibende Baumstämme und Schiffe sichern sollen.[3])

G *fistuca*, Ramme. Dieselbe besteht aus einem Gerüst mit schräger Führung für den Rammklotz, das auf einem Floss (*machinatio*) errichtet ist.

Abb. 50, 51. Die beiden Schiffe sind entnommen einem Wandgemälde im Isistempel zu Pompeii. (Nach Nicollini, Pompeii t. I, Tempio d'Iside tav. IV), welches eine Naumachie d. h. ein Gladiatorenseegefecht von vier Schiffen auf einem von Zuschauerräumen um-

---

[1]) „Der Oberst von Cohausen hat in seiner Denkschrift für den Kaiser Napoléon das wirklich feste Einrammen der Pfahlpaare für durchaus unlässig, ja eher für nötig erklärt." (H. J. Heller, Philol. Anzeiger XIV, S. 531—548.) v. Cohausens eigene Wiederherstellung der Brücke darf als endgültig widerlegt angesehen werden durch den Einspruch des Baurats A. Rheinhard gegen die Zulässigkeit des Wiedenverbands. Er sagt in seiner technisch-kritischen Studie über Caesars Rheinbrücke, (Mit 3 Abbildungen. Stuttgart, 1883) darüber: „Flosswieden müssen vier Wochen im Wasser liegen, ehe man sie anfdrehen kann, und ihre Festigkeit ist so gering, dass jetzt Flösse nur mit Ketten oder Seilen am Ufer befestigt werden dürfen."

[2]) Die einzige wirklich begründete Einwendung gegen diese Wiederherstellung richtet sich gegen die Anbringung der *fibulae* Zu einem auch in dieser Hinsicht sicheren Resultate wird man indes bei der Unklarheit der betreffenden Caesarstelle wohl kaum gelangen. In allen übrigen Punkten hat Napoléon im wesentlichen das Richtige getroffen, wie B. Schneider erst neuerdings anerkannt hat (Caesars Rheinbrücke. In Berliner Philol. Wochenschrift. 1884. Sp. 161—166).

[3]) H. J. Heller a. a. O. ist damit einverstanden, dass die *defensores* von der Brücke getrennt gewesen sind, aber er will sie gleich den stromabwärts angebrachten Streben schräg gestellt wissen.

gebenen Becken darstellt. Die Schiffe sind nicht zur Fahrt auf hoher
See bestimmt, wie das eine (hier nicht abgebildete) im Sinken begriffene
Schiff zeigt; denn die Ruderbänke gehen von Bord zu Bord, so dass
kein Platz für den legbaren Grossmast bleibt.[1]) Ob sie Moneren oder
Polyeren sind, lässt sich nicht sicher entscheiden. Das obere, nach
links hin fahrende Schiff hat einen Oberwassersporn, aus dem bunt
(„braun, grün, rot, gelb mit weissen Zwischenlinien") bemalten Rumpfe
tritt der viereckige Riemenkasten hervor, in dessen Unterfläche, wie
es scheint, die Ruderpforten angebracht sind. Der vorn übergelegte
kurze Dolonmast trägt ein ungewöhnlich grosses Raasegel mit langgezogenen Schothörnern. Von Tauen sind angegeben: das Vorstag, die Toppnanten, die hier nach vorn fahrenden Brassen[2]) und die Schoten. Zu
beiden Seiten der Kapitänskajüte sind zwei Flaggenstangen angebracht,
über ihr sehen wir das zierlich geschwungene, zweiteilige aplustre.

An dem unteren nach rechts hin fahrenden Schiffe ragt der obere
Teil des Vorstevens weit über den unteren hervor. Das Akrostolion
ist rückwärts eingerollt. Zu beiden Seiten des hochragenden Hinterteiles fahren aus Öffnungen der hinteren Querwand des Riemenkastens
die Steuerruder ins Wasser; über ihm steigt zwischen zwei Flaggenstangen das einfache aplustre auf, an dessen Fuss ein Schild hängt.

Abb. 52. Traians Donaubrücke. (Froehner, Tf. 128, 129.)
D. Während Caesars Rheinbrücke ganz aus Holz hergestellt ist, zeigt
die Brücke, welche Kaiser Traian im zweiten dacischen Feldzuge durch
den berühmten Apollodor von Damascus zwischen Turnu Severin und
Feti Islam über die Donau schlagen liess, eine Verbindung des Steinbaues mit dem Holzbau. Die aus Balkenwerk hergestellten Bogenwölbungen hatten eine Spannweite von 120 römischen Fuss und ruhten
auf zwanzig mächtigen ca. 50 Fuss langen und 60 Fuss breiten Pfeilern,
von denen der Künstler nur einen Teil zur Darstellung gebracht hat;
diese tragen in einer Höhe von 150 Fuss die breite, jederseits von einem
schräg gegitterten Holzgeländer eingefasste Fahrbahn. Eine Unter-

---

[1]) „In Zeichnung und Farbengebung eine geübte, flotte Künstlerhand verratend,
bietet das Bild, wie wenig andere, Bürgschaft für richtige Verhältnisse. Besonders lehrreich ist in der oberen Abteilung das vor Riemen und Dolonsegel linkshin stürmende
Fahrzeug." Assmann a. a. O. 1636.

[2]) Auf allen bisherigen Zeichnungen sind statt der Brassen fälschlich Stützgabeln
dargestellt; „über die vordere Segelfläche laufen zahlreiche Gordings zur Raa hinauf,
um dann hinter dem Segel ins Schiff hinabzufahren; oben am Buge ist die Figur des
Auges zu erkennen." Assmann im Jahrb. des kais. deutsch. arch. Inst. IV. 1889 S. 90.

suchung der noch heute erhaltenen Pfeilerreste hat ergeben, dass ihr Kern aus mächtigen Eichenstämmen besteht, diese umgiebt eine dicke Mörtelschicht, welche ihrerseits eine feste Verkleidung von Quadersteinen erhalten hat. Auf jedem Ufer verteidigte ein Brückenkopf den Zugang zu der Brücke; rechts ist die Mauer des einen zum Teil sichtbar und in seinem Innern ein Blockhaus.

Abb. 53. (Froehner a. a. O. Tf. 59.) D. Die kaiserliche Biremis von der Traianssäule ist kenntlich an den von dem Flaggenstocke herabflatternden Wimpeln. An das obere Ende des Hinterstevens ist hinten das schwanenhalsartige Ornament des cheniscus (Gänsehals), vorn das schön geschwungene dreiteilige aplustre gefügt. Darunter sitzt vor der von einer Hintergalerie umgebenen gewölbten Kapitänskajüte Traian. Er handhabt, wie er es oft gethan haben soll, das Steuerruder. Demselben fehlt die Pinne, dagegen befindet sich ein Vorstecknagel in der Mitte seines Schaftes, um ein Durchschlüpfen desselben durch den ledernen Stropp zu verhüten. Die das Steuer haltenden Sorgleinen sind nur an ihrer Kreuzungsstelle über dem Schafte erkennbar. Dem Kaiser zugekehrt sitzen die Ruderer der oberen Reihe, die als Ruderpforten die Öffnungen des durchbrochenen Geländers benutzen, welches den Rand des Riemenkastens einfasst; aus der Unterfläche des letzteren treten, wie es scheint, die Ruder der unteren Reihe heraus. Die Schiffswände verstärkt ein ringsum laufendes Gürtelholz; um das mit einem Oberwassersporn bewehrte Vorderteil ist ein Tau geschlungen. Darüber ist eine, wahrscheinlich auf den Namen des Schiffes bezügliche Reliefdarstellung[1]) angebracht.

Abb. 54. (Nach Dümichen, Flotte einer ägyptischen Königin. Tf. I—III.) B. Die Anbringung des die Stärkung des Längsverbandes bezweckenden Hypozomtaues, das auf den vorhandenen Abbildungen griechischer und römischer Schiffe nur unvollständig erscheint, veranschaulicht am besten das hier abgebildete ägyptische Seeschiff aus dem 17. Jahrhundert v. Chr.: Wir sehen ein über gabelförmige Stützen laufendes Kabeltau, dessen Enden im Innern des Schiffes in die zwei starken Tauringe greifen, welche das Vorder- und Hinterteil vielfach umgürten. Offenbar sollte es bei hohem Seegange

---

[1]) Es sind Liebesgötter (Cupidines), die von Tritonen über das Meer getragen werden. Vielleicht führte das Schiff den in der römischen Flotte öfter vorkommenden Namen Cupido. (Froehner a. a. O.)

diese vom Wasser nicht getragenen Teile emporhalten, damit ihr Gewicht nicht einen Bruch des Kieles herbeiführte. Auch die reiche Takelung der ägyptischen Schiffe zeigt manches, was sich bei griechischen und römischen Schiffen wiederfindet: Der Mast wird vorn durch ein starkes Bugstag, hinten durch ein doppeltes Backstag, ausserdem aber noch auf der Seite durch eine mittels durchgesteckter Hölzer angezogene Tauschleife gehalten; auf der Höhe des Mastes ist über zwei Reihen Tauschleifen, welche die den Ägyptern unbekannten Blöcke ersetzen, der gitternrtige Mastkorb angebracht. Der Mast trägt ein grosses, rechteckiges Segel zwischen zwei Raaen, die beide aus zwei Stücken zusammengesetzt sind; die untere Raa hält ein „gekreuztes Doppelrack" am Maste fest. Ausser den einfachen Toppmanten sind noch zu bemerken die zahlreichen Gordings, welche aber, abweichend vom Gebrauche der Griechen und Römer, über die innere Segelfläche laufen.

Abb. 55. Römische Kauffahrer im Hafen von Portus. Flachrelief des Museo Torlonia. (Nach N. Guglielmotti, delle due navi romani scolpite sul bassorilievo portuense. Roma 1885.) D. Das 1863 in den Ruinen der Säulenhalle des unter Kaiser Claudius am rechten Tiberufer angelegten Seehafens (Portus Augusti) gefundene Flachrelief ist, wie die Inschrift V(otum) L(ibera) auf dem mit dem Bilde der römischen Wölfin geschmückten Segel zeigt, als Votivgabe des Kapitäns oder des Besitzers einer navis vinaria zu betrachten, der dasselbe nach glücklicher Heimkehr dem Bacchus weihte; auch das zweite Schiff hat Wein geladen, wie der Weinkrug (amphora) auf dem Rücken des über die Landungsbrücke schreitenden Trägers beweist. Hinter den Schiffen erhebt sich auf dem Hafendamme zwischen drei Bildsäulen[1]) ein Triumphbogen mit dem von Elephanten gezogenen Wagen eines Kaisers und der mächtige Leuchtturm, zu dessen drei sich verjüngenden Stockwerken eine Treppe emporführt; auf dem zweiten Stockwerke steht der Wärter, auf dem obersten flammt das Leuchtfeuer. Am Fusse des Turmes steht hart am Wasser zwischen den Schiffen die Bildsäule des Meergottes mit Dreizack und Delphin.

---

[1]) Zur Linken mit Leuchtturm, Kranz und Füllhorn die Annona, in der Mitte der Genius des römischen Volkes mit Kranz und Füllhorn; dazwischen ein Adler auf einem Kranze; rechts Bacchus mit dem Panther, in den Händen den Thyrsusstab und ein Gefäss; am Fussgestell drei Nymphen, welche eine Amphora ausgiessen.

Beide Fahrzeuge sind stark gebaut, die gewölbten Seitenwände sind
durch kräftige Gürtelhölzer verstärkt, der leicht vorwärts gebogene,
oben wagerecht abgeschnittene Vorsteven trägt ein auf den Namen des
Schiffes bezügliches Gallionbild. Auf dem oben einlaufenden Schiffe ist
das Dolonsegel bereits geborgen, nur das etwas gekürzte Grosssegel und
die dreieckigen Topsegel (*suppara*) stehen noch. Von den oben (S.
26 und 27) besprochenen Tauen sind hier zu sehen: das starke Vorstag,
die zahlreichen Wanten, welche durch Blöcke angezogen sind; an Segel
und Raa die 12 Gordings, die Brassen[1]) und Schoten. Auf dem Dache
des grossen, zweifenstrigen Deckhauses, zu dem man auf einer Treppe
emporsteigt, opfert die Familie des Kapitäns, dahinter ist unter dem
cheniscus der Steuermann sichtbar, der die Pinne des linken Steuerruders hält; auf dem Ende des hoch ansteigenden, mit schwebenden
Gestalten in Relief oder Malerei gezierten Hinterstevens steht eine
Bildsäule der Victoria; ihre Gestalt mit Kranz und Palme erscheint
nochmals auf dem Mastknopfe; aussen am Schiffe ist ein Mann in dem
einen Boote mit den Sorgleinen des unbenutzten Steuerruders beschäftigt; das zweite Boot wird eben mittels eines am Dolon angebrachten Takels ins Wasser gelassen.[2]) Das andere Schiff ist bereits
„am Bollwerk vertäut", die *suppara* sind geborgen, das Grosssegel ist
vollständig gerefft und soll eben von dem auf einem Tau, dem sogen.
Pferde stehenden Matrosen mittels der Bindsel an der Raa fest-
gemacht werden. Dadurch ist das Takelwerk besonders deutlich erkennbar: Wir unterscheiden die vierfachen Toppnanten, das doppelte
Fall und seitwärts der Wanten eine Strickleiter, auf der gerade ein
Matrose emporklettert; das Dolonsegel[3]) wird eben eingeholt, und sein
Mast wird zu dem schon genannten Zwecke benutzt, um das eine Boot
auszusetzen. Dazwischen hängt das riesige symbolische Auge zur Abwehr des bösen Blickes.

Abb. 56. Katapulte. Nach Köchlys Angaben wiederhergestellt von Deimling. (Verhandlungen der 24. Philologenversammlung. 1865. Taf. I, 1 b.) B.

---

[1]) Hinter dem Segel ist das doppelte Falltau und die eine Brasse sichtbar.

[2]) Vgl. E. Assmann im Jahrbuch des Kaiserlich deutschen archäologischen Instituts IV, 1889. S. 93.

[3]) Unter dem Auge ist ein Stück ausgebrochen, was von Guglielmotti nicht ganz richtig ergänzt ist, denn das Dolonsegel hat dadurch scheinbar zwei Rahen bekommen.

Bei der **Katapulte** (*scorpio*) unterscheidet man Ober- und Untergestell, und bei jenem wieder den Spannkasten und die Pfeilbahn.

I **Obergestell**: Der aus besonders hartem Holze hergestellte **Spannkasten** AA besteht aus den wagerechten **Kaliberträgern** a, b,[1]) den senkrechten **Aussenständern** c, f, die mit einem runden Lager an der Innenseite und einer entsprechenden Ausbiegung an der Aussenseite versehen sind, und den ebenfalls senkrechten **Mittelständern** d, e. In die **Kaliberlöcher** sind die **Spannknöpfe** $k\ k\ k\ k$ eingelassen; das freie runde Ende derselben ist zur Aufnahme der **Spannbolzen** durchbohrt; über diese sind die aus Tiersehnen oder langen Frauenhaaren bestehenden **Spannnerven** $g\ g$ eingezogen. An dem dünneren Ende der in die Spannnerven eingezwängten **Bogenarme** $h\ h$ ist die rund geflochtene **Bogensehne** $i\ i$ befestigt.

Die **Pfeilbahn** BB besteht aus der mit dem unteren Kaliberträger b festverzapften **Läuferbahn** l, in deren schwalbenschwanzförmiger Nute der **Läufer** m mit seiner gleichgestalteten Unterseite sich bewegt. Die Oberfläche des Läufers ist rinnenförmig ausgehöhlt, um den Pfeil aufzunehmen. An ihrem hinteren Ende sitzt der um einen wagerechten Bolzen bewegliche **Drücker** o, dessen leichteres Vorderteil mittels zweier nach unten gekrümmten Zinken (Klauen) die Bogensehne festhält, wenn unter sein gerades und schwereres Hinterteil der um einen senkrechten Bolzen drehbare **Abzugshebel** p geschoben wird; am hinteren Ende der Pfeilbahn ist ein **Haspel** $u\ u$ angebracht, um diesen ist eine Schnur geschlungen, die in einem Ringe am Hinterende des Läufers befestigt ist.

II. **Untergestell** CCC. Das **Tragkissen** t ist um den senkrechten Zapfen, der durch die vier **Streben** $r\ r\ r\ r$ mit dem **Fusse** $s\ s\ s$ festverbundenen **Säule** q drehbar. Derselben Seitendrehung dient ein Ring, mittels dessen die **Strebe** w an der Säule befestigt ist; das Geschütz ist in der senkrechten Ebene drehbar um einen Bolzen, der durch die senkrechten Wände des Tragkissens und den zwischen ihnen liegenden Ansatz an der Unterfläche der Läuferbahn geht; zu gleichem Zwecke (um die gewählte Höhenrichtung festzuhalten) ist die **Stütze** v angebracht, die mittels eines Beschlages auf der Strebe w leicht

---

[1]) Unter dem **Kaliber** des Geschützes versteht man den Durchmesser der vier in den Kaliberträgern (unter den mit k bezeichneten Stellen) befindlichen kreisförmigen Löcher, der = $\frac{1}{9}$ der Länge des von dem Geschütze geschossenen Pfeiles ist.

auf- und abbewegt werden kann. Die mittlere Schussweite betrug ungefähr 350 m. Die Pfeile hatten eine Länge von 0,67—1,37 m. Die Durchschlagskraft war sehr beträchtlich.[1]

Ist das Geschütz über die Rinne des Läufers gerichtet, so wird dieser soweit vorgeschoben, dass die nicht gespannte Sehne unter die Drückerklauen zu liegen kommt. Durch Unterschieben des Abzugshebels halten diese sie fest, und nun wird der Läufer mittels des Haspels zurückgezogen, bis die Sehne genügend gespannt ist. Sperrklinken, welche in die an beiden Seiten der Pfeife befestigten Zahnstangen greifen, halten den Läufer in dieser Stellung fest. Dann wurde der Pfeil zwischen die Klauen des Drückers gelegt, der Abzugshebel unter seinem hinteren Teil weggezogen; dadurch hebt sich der vordere Teil und die freigewordene Sehne schnellt den Pfeil ab.

Abb. 57. Balliste. Nach Köchlys Angaben wiederhergestellt von Deimling. (Verhandlungen der 24. Philologenversammlung 1865. Tf. II, 1b.) B.

Die beiden Spannkästen AA und BB — jeder Spannnerv hat bei dieser Art von Geschützen einen für sich — sind oben und unten durch je ein Paar gleichlaufende Riegel aa und bb verbunden. Zwischen den Spannkästen ist Platz gelassen für die Läuferbahn oder Leiter CC, die so auf das Fussgestell gestützt ist, dass sie mit dem Horizont einen Winkel von 45° bildet. Sie besteht aus den beiden durch Querhölzer verbundenen Leiterstangen c, d, an deren inneren Flächen schmale Hölzer angenagelt sind, welche die eigentliche Bahn für den Läufer bilden. Der Läufer gg ist, abgesehen von der breiteren Höhlung, dem der Katapulte ähnlich gestaltet; auch die Schlosseinrichtung ist dieselbe, nur dass hier der Drücker eine einzige Klaue hat, die in einen in die Sehne eingeflochtenen Ring greift; auch hier ist ein Haspel ee am unteren Ende der Läuferbahn angebracht, jedoch genügte ein solcher nur bei kleineren Ballisten, bei grösseren waren besondere Spannmaschinen erforderlich. Das Untergestell ist hier einfacher, weil die Vorrichtungen zur Veränderung der Seiten- und Höhenrichtung wegfallen. Da die Ballisten hauptsächlich Steinkugeln (im Gewichte von 4,31—25,86 kg; einzelne Riesengeschütze bis 77,58 kg) warfen, war die Sehne wie ein breiter Gürtel geflochten; daneben schossen sie auch balkenartige Pfeile. Die Tragweite der kleineren Ballisten

---

[1] Droysen in K. F. Hermanns Lehrbuch der griech. Antiquitäten II, 2. S. 196.

war vielleicht 250–350 m.[1]) Wie viel Mann zur Bedienung der Geschütze erforderlich waren, wissen wir nicht.

Die äussere Gestalt der Geschütze war, wie Abbildung 61 zeigt, wesentlich anders: Auf den Reliefs der Trainssäule sind die Spannkasten von runden Verkleidungen umgeben, die oben, wo die Spannknöpfe und -bolzen liegen, mit spitzzulaufenden Deckeln geschlossen sind, so dass sie wie Türmchen aussehen, und die beiden oberen Kaliberträger (oder Riegel) laufen nicht durchweg wagerecht, sondern wölben sich in einem Bogen über der Läuferbahn. „Diese Konstruktion giebt nicht allein dem Geschütz ein gefälliges Aussehen, sondern lässt auch der Flugbahn der abgeworfenen Steinkugel einen freieren Spielraum." [2])

Abb. 58. Schüttschildkröte. Zeichnung in einer alten Handschrift. (Nach Wescher, Poliorcétique des Grecs. Abb. 81 auf S. 211). B. Vgl. die Beschreibung auf S. 16.

Abb. 59. Brechschildkröte. Zeichnung in einer alten Handschrift. (Nach Wescher, a. a. O. Abb. 85 auf S. 218). B. Vgl. die Beschreibung auf S. 19.

Abb. 60. Widderschildkröte. Zeichnung in einer alten Handschrift. (Nach Wescher, a. a. O. Abb. 90 auf S. 228). B. Das Dach der hier dargestellten Widderschildkröte wird von den gegeneinandergeneigten Seitenwänden (vgl. S. 19) getragen; vorn wird der starke Firstbalken sichtbar, an dem der Widder in zwei Punkten aufgehängt ist. Das ganze ruht auf zwei Langschwellenpaaren, zwischen denen die Räder laufen (Seitenwände und Vordach sind hier weggelassen, um das Balkengerüst und die Aufhängung des Widders zu veranschaulichen).

Die dahinter stehende kleine Schildkröte mit Satteldach und offenem Giebel soll die aus solchen Schildkröten gebildete Laufhalle (*rinene* vgl. S. 17 und Abb. 62) andeuten, durch welche der Bedienungsmannschaft des Widders stets die freie Verbindung nach rückwärts gesichert wird.

Abb. 61. Bau eines agger. Waldgefecht. Relief der Traianssäule. (Nach Froehner Tf. 89–91.) B. Im Hintergrunde

---

[1]) Droysen a. a. O., S. 203 f.
[2]) Küchly in Verhandlungen der 24. Philologenversammlung zu Heidelberg 1865, S. 227.

links oben wird ein Teil des römischen Lagers sichtbar; auf der aus
Quadern errichteten Mauer sind zwei Geschütze aufgepflanzt. Im Vordergrunde sind die Legionen damit beschäftigt, einen mächtigen *agger*[1])
aus kreuzweise übereinander geschichteten Baumstämmen aufzuführen;
der eine Soldat links haut einen Stamm zu, der andere richtet einen
bereit zugehauenen auf; auf dem mittleren Teile des *agger* ist ein Geschütz aufgestellt, zwei Legionare sind im Begriffe es zu laden; auf
der obersten Balkenlage rechts liegen Gegenstände, die wie gezähnte
Blätter aussehen. Hinter dem *agger* stehen die Legionen, wie es scheint,
in Reserve; ihre Tracht ist die oft beschriebene (S. zu Abb. 28); besonders deutlich sind hier die Schutzriemen des *cingulum militiae* zu erkennen. Die Blicke der Mehrzahl sind nach dem Walde rechtshin gerichtet, wo sich zwischen Daciern und Römern ein heftiger Kampf
entsponnen hat. Auf römischer Seite nehmen daran teil: die vom Kopf
bis zum Fuss gepanzerten parthischen Reiter, welche des Geländes
wegen abgesessen sind; leicht bewaffnete Cohortalen im ausgezackten
Lederwams und Helm, den ovalen Schild in der Linken, in der Rechten
den (nur durch die Handbewegung angedeuteten) Wurfspeer. Das
Schwert hängt am Bandelier; die Zipfel des Halstuches sind sichtbar;
weiter vorn kämpfen halbnackte Germanen mit Schild und (wie es
scheint) Keule bewaffnet, und (balearische?) Schleuderer in kurzer *tunica*
mit Schwert und kleinem Schild; in den Falten des Mantels tragen sie
die Geschosse; die Rechte schwingt die Schleuder.

Abb. 62. Der von Caesar vor Avaricum errichtete agger
(Wiederherstellung). D. (Die rechte Hälfte des Grundrisses auf dem
Carton des Planes von Avaricum.) Zum Verständnis der im Museum
von St.-Germain-en-Laye befindlichen Reliefdarstellung müssen einige
Bemerkungen über die Beschaffenheit des Geländes zu Caesars Zeit,
wie sie der Plan von Avaricum darstellt, vorangeschickt werden:
„Die Stadt Avaricum (heute Bourges) war nur im Südosten an jener
Seite der Ringmauer angreifbar, welche in einer Breite von 300—400
römischen Fuss (ungefähr 100 Meter) dem einzigen und sehr engen
Zugang gegenüberlag. An dieser Stelle überragte der obere Mauerrand
um 80 römische Fuss (24 Meter) den Vordergrund, da hier das Gelände
80 Meter vor der Ringmauer eine plötzliche Vertiefung zeigte, die einem

---

[1] Froehner a. a. O. denkt an ein Verhau (*couacdes*), wie es Vegetius III, 22
beschreibt und wie es b. G. III, 29 und Tac. Ann. 1, 50 zum Schutze der Flanken errichtet wird; andere sehen darin einen Annäherungsdamm.

weiten Graben glich. Die Mauerhöhe selbst betrug vielleicht 30 röm. Fuss."[1])

Diese Vertiefung bot kein grosses Hindernis, dazu kam noch der günstige Umstand, dass die Belagerten über keine Geschütze verfügten (vgl. S. 17); deshalb führte Caesar in der genannten Schlucht parallel der Mauer einen Damm auf, der ihr an Höhe (80) röm. Fuss) gleichkam, sie aber nicht berührte. Seine Länge betrug entsprechend der Ausdehnung der Angriffsfront 330 röm. Fuss. Auf ihm standen die Schüttschildkröten, um den noch übrigen Teil der Schlucht mit Erde, Faschinen u. s. w. auszufüllen, und Geschütze (b. G. VII, 25, 2), um die Verteidiger von der Mauer zu vertreiben. An beiden Enden wurde diese Aufschüttung gestützt durch Wände, welche sehr sorgfältig aus kreuzweise übereinandergeschichteten Lagen von Holzstämmen hergestellt waren (vgl. S. 17 und Abb. 61). Diese Stützwände wurden hier besonders stark ausgeführt und nach rückwärts verlängert, um durch Überbrückung der Schlucht eine Bahn für die Wandeltürme bis an den Fuss (S. 17.) der Mauer zu schaffen. Diese Bahn scheint nach Caesars Worten nach der Stadtmauer zu rampenförmig angestiegen zu sein.

Rechts und links neben den Türmen, deren Gerüst mit Brettern verkleidet zu denken ist (vgl. S. 18), sieht man die aus aneinandergeschobenen kleinen Schildkröten gebildeten Laufhallen (*vineae* vgl. S. 17 und Abb. 60), unter deren Schutz der Dammbau allmählich gegen den Fuss der Mauer vorgerückt war; je zwei weitere Laufhallen steigen rechts und links neben dem Damm in der Schlucht zum Fusse der Mauer empor. Auf der Stadtmauer, deren Steinschichten mit Balkenlagen wechseln (Abb. 80), haben die Belagerten zwei Türme gegenüber Caesars Wandeltürmen errichtet (vgl. S. 20).

Abb. 63. Vgl. die Beschreibung auf S. 21 f. und de Sauley, Journal des Savants 1880. S. 558 ff. u. 622 ff. Von den 5 Reihen *rippi* sind hier nur 3 gezeichnet.

Abb. 64. (Nach Revue archéol. 1880. XL. Tf. XI; vgl. XXXIX, S. 339) D. Auf diesem zu Rheims gefundenen Altar sitzt zwischen den stehenden Gestalten Apollos und Mercurs mit untergeschlagenen Beinen eine Gottheit, deren bärtiges Haupt mit einem Geweih geschmückt ist. Dies, sowie der *torques* um den Hals und der Ring um den Arm zeigen,

---

[1]) Napoléon III., Leben Julius Caesars. Deutsche Ausgabe. S. 247.

dass wir einen gallischen Gott vor uns haben. Mit beiden Händen drückt er einen Schlauch, aus dem Nüsse oder Bucheckern herunterrollen, die, wie es scheint, zur Nahrung bestimmt sind für ein Rind und einen Hirsch, die vor dem Sitze des Gottes stehen. Im Giebelfelde ist eine Ratte[1]) dargestellt. Apollo und Mercur sind hier wohl als gallische Gottheiten (vgl. b. G. VI, 17) in römischer Bildung aufzufassen.

Abb. 65. Sterbender Gallier. Marmorbildsäule im Kapitolinischen Museum. D. „Ergänzt sind — wie man sagt von Michel Angelo — der rechte Arm von der Schulter an und das Stück der Basis, auf welches er sich stützt, also auch das nach seiner Form nicht passende, aber sicher ursprünglich vorhandene Schwert und das eine Ende des Hornes, das aber in ein Mundstück hätte auslaufen sollen, ausserdem die linke Kniescheibe nebst den Zehen an den beiden Füssen."[2]) Der sterbende Krieger, ein Gallier, wie die Haar- und Barttracht, der *torques* und endlich der Schild unzweifelhaft machen, ist, in der rechten Seite tötlich getroffen, auf seinen Schild niedergesunken, nur „der rechte Arm hält den schon zum Sturze geneigten Körper halb aufrecht." Sein Horn (vgl. S. 33 Anm. 1) liegt zerbrochen am Boden. Das Werk gehört der älteren pergamenischen Kunst an.

Abb. 66. Kehrseite eines Denars des M. Furius Philus. (Nach M. de Lagoy,[3]) recherches numismatiques sur l'armement de guerre des Gaulois Tf. II, 4.) Minerva oder Roma mit Helm und Speer bekränzt ein aus Helm und Chiton gebildetes Tropaeum, dessen rechte Hand ein langes, gerades Schwert und dessen linke einen länglich viereckigen Schild hält; am Fusse zwei ähnlich gebildete Schilde und zwei Trompeten (*karnyx*). Im Abschnitte: *PHLI.*[4]) Im Felde: *ROMA*.

---

[1]) Baron de Witte sieht in der Ratte, deren Wohnung unterirdisch ist, ein Symbol des Pluto (Diu. vgl. b. G. VI, 18"), des Gottes der Unterwelt und des Metallreichtums der Erde. Revue archéol. 1852. X. S. 561.

[2]) Vgl. Friedrichs-Wolters a. a. O. S. 523 ff. Nr. 1412 und die daselbst aufgeführte Litteratur.

[3]) Manche auf den Lagoyschen Abbildungen nur schwer erkennbare Einzelheit ist mit Benutzung der Abbildungen bei Droysen a. a. O. S. 139 deutlicher ausgeführt worden.

[4]) Diese Münze wird bezogen auf den Triumph der Konsuln des Jahres 223 v. Chr. P. Furius Philus und C. Flaminius Nepos über die ligurischen Gallier (Polyb. II, 32 f.). Cohen, Monnaies républ. S. 146.

Abb. 67. Kehrseite eines Denars des C. Julius Caesar. (Nach M. de Lagoy a. a. O. Tf. II, 11.) Das Tropaeum besteht aus einem rundeu Helme mit zwei abstehenden Hörnern und einem Kettenpanzer mit kurzen Ärmeln; jede Hand hält einen Wurfspeer, einen ovalen, oben und unten wagerecht abgeschnittenen Schild und einen Karnyx. Darunter sitzt rechts eine Gefangene mit traurig aufgestütztem Haupte, während der nackte, bärtige Gefangene links, dem die Hände auf den Rücken gefesselt sind, rückwärts zum Tropaeum aufschaut. Seine Haare sind nach hinten gestrichen. Im Abschnitt: *CAESAR*.

Abb. 68. Rückseite eines Denars des C. Julius Caesar. (Nach M. de Lagoy a. a. O. Tf. II, 8.) Das Tropaeum ist gebildet aus einem Helm mit aufwärts gebogenen Hörnern, einem vorn offenen, gestreiften[1]) Rocke mit Ärmeln, einem ovalen Schilde und einem Karnyx; im Felde ein mit einem Tierkopfe geschmücktes Beil. Darunter: *CAESAR*.

Abb. 69. Kehrseite einer geprägten Kupfermünze von Ariminum. (Nach Catalogue of the greek coins in the British Museum. Italy. S. 25.) Nach linkshin stürmender gallischer Krieger, der, um den Hals den *torques*, in der Rechten das kurze, spitze Schwert, mit der Linken den sehr grossen, ovalen Schild trägt, welcher den „weizenkornförmigen Buckel mit den nach oben und unten auslaufenden Gräten" zeigt. Hinter dem Schilde wird die Schwertscheide sichtbar.

Abb. 70. Kehrseite einer Silbermünze der Äduer. (Nach Dictionnaire des antiquités de la Gaule, Münztafeln No. 66.) Krieger nach links schreitend, in der Hand das Eberfeldzeichen. Im Felde: *DVBNOREX*.

Abb. 71. Kehrseite eines Denars des C. Julius Caesar (Nach M. de Lagoy, Tf. II. No. 12.) Das Tropaeum ist zusammengesetzt aus einem mit mehreren Hörnern oder Federn geschmückten Helme, einem Rock oder Kettenpanzer; am Bandelier hängt rechts ein langes gerades Schwert; in der rechten Hand ein Wurfspiess; in der linken ein ovaler Schild; auf dem Boden zu Füssen des Tropaeums ein Streitwagen (*essedum*), an dem die Deichsel, die Räder und die halb-

---

[1]) F. de Saulcy scheint mir Recht zu haben, wenn er diese regelmässigen senkrechten Streifen nicht als Falten, sondern als die buntfarbigen Streifen ansieht, von denen Diodor V, 30 spricht. Vgl. Journal des Savants 1880. S. 77.

runden Wagenleitern deutlich zu unterscheiden sind; rechts ein ovaler Schild, zwei Lanzen und ein Karnyx. Umschrift: *CAESAR IMP*. Dieser Denar bezieht sich auf Caesars britannische Siege (Lagoy a. a. O.). „Dass zu Caesars Zeit die Streitwagen bei den Galliern[1]) abgekommen waren, folgt, wie Cluverius mit Recht bemerkt hat, aus Caesars Worten, mit denen er b. G. IV, 34 den Eindruck der britannischen *essedu* auf seine Soldaten beschreibt: *perturbatis nostris noritate pugnae*." (Droysen a. a. O. S. 135, Anm. 29.)

Abb. 72. Gallische Helme (*a* vom Triumphbogen von Orange; *b* und *c* vom Grabmal der Julier zu St. Remy.). D. Alle drei Helme haben Nacken- und Stirnschirm, der bei *b* und *c* nach hinten, bei *a* nach vorn gebogen ist; die Haube von *a* „hat die Gestalt eines Schneckenhauses"; über derselben ist zwischen den beiden nach vorn gerichteten, kurzen Hörnern ein Rad mit sechs Speichen angebracht; die Hörner von *b* zeigen an den Enden Ringe, so dass sie wie „Schneckenfühlhörner" aussehen. Über diesen Schmuck sagt de Witte (Revue archéol. 1852, S. 56): „Diese sonderbaren Verzierungen der gallischen Helme scheinen religiöse Bedeutung zu haben (vgl. die gehörnte Gottheit auf Abb. 64), das geht besonders aus ihrer öfters vorkommenden Verbindung mit dem Rade hervor, dessen religiöse Bedeutung bekannt ist. Die Hörner waren nach Eusebios im Orient und in Gallien ein Zeichen der königlichen Macht; so erscheint beispielsweise Seleukos Nikator auf seinen Münzen mit einem Helm, der mit den Hörnern und Ohren des Stieres geschmückt ist." Vgl. de Sauley a. a. O. S. 79 f.

Abb. 73. Gallische Gefangene unter einer aus gallischen Waffen gebildeten Trophäe vom Triumphbogen von Orange (Nach Caristie, Arc et théatre d'Orange, Tf. 19, c.). D. Die sich kreuzenden Tropaeumstangen sind bekleidet mit einem fransenbesetzten gegürteten Gewande (der Gürtel ist mit Metallbuckeln verziert); darüber

---

[1]) Ein gallischer Streitwagen aus Burgund, auf dem bei der Auffindung der Leichnam eines gallischen Häuptlings lag, befindet sich im Museum von St. Germain; vgl. Revue archéol. 1877, p. 217; de Sauley, Journal des Savants 1880, S. 75; auf gallischen Münzen erscheinen öfters solche zweispännigen Streitwagen, auf denen ein mit Schild und Speer bewaffneter Krieger steht (z. B. Münze der *Turones* mit der Inschrift *Triccos* im Dictionnaire archéol. de la Gaule, Münztafeln No. 28 und Revue archéol. a. a. O.). Teile eines gallischen Streitwagens nebst den Rüstungsstücken des Wagenkämpfers und Wagenlenkers sind abgebildet auf den Waffenreliefs der Marmorbalustrade der Athenahalle zu Pergamon (Altertümer von Pergamon II, Tf. 43; Baumeister, Denkmäler des klassischen Altertums, Abb. 1434).

fällt der von einer radförmigen Spange auf der Brust zusammengehaltene Mantel; links hängt an dem mit Metallstücken besetzten Tragriemen ein Schwert; die Längsstange krönt eine Kapuze aus Tierfell (vgl. de Saulcy a. a. O. S. 79); die Enden der Querstange tragen je zwei sechseckige, mit Metallbeschlägen versehene Schilde; zwei andere, aber von der Kehrseite gesehene, erscheinen dahinter. Darüber ragen jederseits zwei Trompeten hervor; über der Kapuze erscheinen zwei Feldzeichen, ein *vexillum*[1]) und ein auf einer Stange getragener Eber, und endlich acht Lanzen mit vierkantigen Spitzen. Darunter steht ein Gallier in Hosen und Mantel, die Hände auf den Rücken gefesselt, und eine Gallierin in langem Gewande, die Brust nackt, das Haupt in die Hand gestützt; beides Zeichen des Schmerzes.

Abb. 74 a b. (Nach dem Dictionnaire archéologique de la Gaule.) Diese leider verstümmelte Bildsäule eines gallischen Kriegers wurde 1854 ungefähr 3 Kilometer von Mondragon (Vaucluse) im freien Felde entdeckt und befindet sich im Museum Calvet zu Avignon. Dargestellt ist ein gallischer Krieger, der über dem Chiton[2]) ein weites, fransenbesetztes *sagum* trägt, das von einer *fibula* auf der rechten Schulter zusammengehalten wird; an der rechten Hüfte hängt das mittels eines Koppelringes am Gürtel befestigte Schwert, dessen einfacher Griff unter dem mit einem starken Ringe geschmückten Arme erscheint. Beide Hände hat er auf den Rand des grossen, vor sich auf den Boden gesetzten Schildes gelegt. Über diesen sagt Lindenschmit A. u. h. V. III, 2, 1, 20: „Ausser der Befestigungsart des Buckels, die keiner Erläuterung bedarf, ergiebt sich auch die Erklärung der Konstruktion und die Brauchbarkeit einer im ganzen so schwachen Schutzwaffe, deren Holzstärke, wie sie aus den eisernen Randbeschlägen eines Schildes von St. Etienne-au-Temple hervorgeht und von den Nietnägeln des Bronzeumbo (a. a. O. Abb. 11) bestätigt wird, nicht mehr als 5 mm betrug. Die Schildwand ist nämlich aus acht Stücken gebildet, welche in der Weise zusammengesetzt sind, dass die Jahresrippen des Holzes

---

[1]) Lenormant, Compte-rendus de l'Academie des Inscriptions et de belles lettres 1857, S. 235, Anm. 1 hält dies *vexillum* für ein Feldzeichen der auf römische Art bewaffneten und disciplinierten gallischen Reiterei, welche an dem Aufstande des Julius Florus und Julius Sacrovir teilnahm. Vgl. Tacit. ann. III, 42, 1.

[2]) Die Beschreibung der Bildsäule in der Revue archéol. N. S. 1867, XVI, S. 69—72 spricht zweimal ausdrücklich von der „tunique"; Lindenschmit. A. u. b. V. III, 2, 1, 20 erwähnt sie nicht.

eine Richtung haben, welche das Eindringen und die spaltende Wirkung eines Schwerthiebes unmöglich machen, indem der letztere nicht in die Richtung der Jahresrippen, sondern quer auf dieselben treffen musste, von welcher Seite, wie bekannt, selbst eine sehr schwache Holztafel schwer, ja unmöglich zu spalten ist."

Abb. 75. Eisernes gallisches Schwert und Scheide aus demselben Metall, gefunden bei Alesia. Museum von St. Germain. (Nach Revue archéol. N. S. 1864, S. 346, Abb. 16.) Über die dort gefundenen Schwerter dieser Gattung sagt der General Verchère de Reffye a. a. O. S. 347: "Bei den anderen, welche die Mehrzahl bilden, ist das Eisen dünn und biegsam, die Spitze stumpf und bisweilen vollständig abgerundet. Sie erinnern uns an die langen Schwerter mit biegsamer Klinge, welche die Gallier schon zu Camillus' Zeiten trugen. Die Schneiden sind bei diesen Waffen nicht aus demselben Eisen wie die übrige Klinge." Er giebt dann eine sehr interessante technische Auseinandersetzung über die Anfertigung dieser Waffen; vgl. Lindenschmit, Revue archéol. N. S. 1865, S. 387—391.

Die eiserne Scheide ist an dem unteren Ende durch Querstreifen verstärkt, auch das obere Ende zeigt eine Verstärkung auf der Vorderseite, um welche sich, wie es eine Trophäe des Triumphbogens von Orange erkennen lässt, ein Koppelring legte, mittels dessen die Scheide am Gürtel befestigt wurde. Vgl. de Saulcy a. a. O. S. 81.

Abb. 76. Gallische Bronzeschwerter, ½ der natürlichen Grösse (Nach dem Dictionnaire archéologique de la Gaule, époque celtique.). D.

1. gefunden mit anderen Waffen aus Bronze bei der Farm l'Epinense[1]) westlich von Alesia. Museum von St. Germain. „Der Griff ist mit der Klinge aus einem Stücke gegossen, die drei Nietnägelköpfe sind daher nur scheinbar: der Knopf ist aus zwei übereinandergelegten concaven Platten gebildet; der Raum zwischen denselben war ohne Zweifel mit Email ausgefüllt."[2]) Darüber ist die Ansicht des Knopfes von oben abgebildet.

2. gefunden mit einer grossen Anzahl anderer Bronzen zu-

---

[1]) Zehn Lanzenspitzen, zwei Beile und zwei Schwerter fanden sich dort zusammen in ein Stück Kupferblech eingewickelt. F. de Saulcy a. a. O. S. 560.

[2]) Desjardins a. a. O. II, S. 571. Anm. 5.

sammen¹) in Vaudrevanges bei Saarlouis. Museum von St. Germain. Der in der Mitte ausgebuchtete Griff ist durch Ringe gegliedert.

3. aus Jugues bei Sigean (Aude). Museum von Narbonne. Die lange gerade Klinge ist in der Schale des Griffes mittels sechs Nietnägeln befestigt; der kannelierte Griff hat einen nach oben abgerundeten Knopf.

4. aus Trévoux (Ain). Museum von Lyon. Die schilfblattförmige Klinge ist vermittelst zweier Nietnägel in der Griffschale befestigt; der in der Mitte ausgebuchtete Griff ist durch drei Doppelringe gegliedert.

5. aus Lyon. Museum von Rennes. Von dem Griffe dieser Waffe sagt Desjardins: „Dieser Griff mit eingerollten Fühlhörnern zeigt die charakteristischsten Motive der gallischen Waffen."²)

6. Schwertgriff mit Knopf aus Questembert (Morbihan). Museum von Vannes; am Griff zwei Nietnägel sichtbar.

7. Gravierter Schwertgriff aus St. Genouph (Indre-et-Loire). Museum von Tours. Die Klinge war durch zwei Nietnägel in der Griffschale befestigt; auf der Mitte der Schale erhebt sich zwischen zwei aus rechten Winkeln gebildeten Verzierungen ein Ornament, das einem Blumenstempel gleicht. Die untere Hälfte des eigentlichen Griffes ist durch drei Ringe in zwei ungleiche Hälften geteilt, die durch je eine Zickzacklinie verziert sind; der Griff wird oben durch drei Ringe abgeschlossen.

---

¹) Al. Bertrand, Archéologie celtique et gauloise II. Aufl. S. 217 ff. (La part des dieux) ist der Ansicht, dass diese in einem Sumpf gefundenen Waffen und Geräte den Göttern geweihte Beutestücke sind. Diese nicht blos den Galliern eigentümliche Sitte erwähnt Caesar b. G. VI, 17; die Art der Weihung beschreibt ausführlich Orosius V, 16: „Anno ab urbe condita DCXLII, C. Manlius consul et Q. Caepio proconsul adversus Cimbros et Teutones et Tigurinos et Ambrones, Gallorum et Germanorum gentes . . . missi, provincias sibi Rhodano flumine medio diviserunt. Ubi dum inter se gravissima invidia et contentione disceptant, cum magna ignominia et periculo Romani nominis victi sunt; siquidem in ea pugna M. Aurelius consularis captus atque interfectus est, duo filii consulis caesi, octoginta milia Romanorum sociorumque ea tempestate trucidata . . . Hostes binis castris atque ingenti praeda potiti nova quadam atque insolita exsecratione cuncta, quae ceperant, pessumdederunt. Vestis discissa et proiecta est, aurum argentumque in flumen abiectum, loricae virorum concisae, phalerae equorum disperditae, equi ipsis gurgitibus immersi, homines laqueis collo inditis ex arboribus suspensi sunt, ita ut nihil praedae victor, nihil misericordiae victus cognosceret."

²) Géographie de la Gaule II, S. 571. Anm 5.

8. Schwertknopf und -griff aus Larnaud (Jura). Museum von St. Germain.

9. Schwertklinge, in der Seine gefunden. Museum von St. Germain.

10. Bruchstück eines Ortbandes mit drei Ringen aus Larnaud (Jura). Museum von St. Germain.

11. Ortband, in einen gegliederten Knopf endigend, darüber zwei Ringe, aus Larnaud (Jura). Museum von St. Germain.

Abb. 77. Silbermünze der Äduer. (Nach de Saulcy, Numismatique des chefs gaulois. No. 14. Im Annuaire de Numismatique.) D. Frauenkopf mit Diadem nach rechts; davor ein unbestimmbarer Gegenstand. Kehrseite: *LITAVICOS*. Reiter nach rechts, in der Hand ein Eberfeldzeichen.

Abb. 78. Goldmünze der Arverner. (Nach de Saulcy a. a. O. N. 62.) D. *VERCINGETORIXS*. Unbärtiger Kopf mit gelocktem, zurückgestrichenem Haar nach links.[1] Kehrseite: Galoppierendes Pferd nach linkshin, darunter eine Amphora.

Abb. 79. Silbermünze der Lemoviker. (Nach de Saulcy a. a. O. N. 47.) D. Kopf mit Diadem und Halskette nach rechts. Kehrseite: Reiter nach rechts, der mit der Linken die Trompete an den Mund setzt, mit der Rechten ein Eberfeldzeichen hält; ein Eber über seinem Kopfe, zwei hinter ihm; zwischen den Beinen des Pferdes ein von ihm zu Boden gerissener Mann. Darunter: *SEDVLLIS*.[2]

Abb. 80. Gallische Mauer von Mursceint (Lot). Wiederherstellung im Museum von St. Germain. D. Gallische Mauern von der Art, wie sie Caesar gelegentlich der Belagerung Avaricums beschreibt, hat man in verschiedenen Gegenden Frankreichs aufgefunden, besonders auf dem Mont Beuvray, der Stätte des alten Bibracte, und in Murscejnt,[3] einer alten gallischen Festung unbekannten Namens in

---

[1] „Man hat beinahe 20 Münzen von Vercingetorixs; die Aehnlichkeit der auf der Vorderseite derselben dargestellten Köpfe legt den Gedanken nahe, dass wir hier sein Bild vor uns haben." de Saulcy a. a. O. Über das bei einem gallischen Fürsten auffallende Fehlen des Schnurrbartes vgl. Lenormant a. a. O. S. 241.

[2] Von Caesar b. G. VII, 88: *Sedulius* genannt.

[3] Bis jetzt sind acht *oppida* gefunden. A. Bertrand a. a. O. S. 266 und Anm. 2; vgl. M. Castagnes: Mémoire sur les ouvrages de fortification des oppidum gaulois Tours, 1876; de Saulcy, Journal des Savants. 1880, S. 623 ff; die obige Beschreibung beruht auf dem Ausgrabungsbericht von M. Castagnes, Revue archéol. N. S. 1868, XVII S. 249 ff.

der Nähe von Cahors (Lot). Unsere Abbildung stellt einen Teil der letzteren dar. Bei diesem durch die Ausgrabungen im Jahre 1868 blossgelegten Mauerstücke schwankte die Breite am Fusse zwischen 5 bis 10 Metern, ebenso auch die Höhe, die von 4 bis 5 Meter im Mittel bis auf 10 Meter an den einem Angriffe am meisten ausgesetzten Punkten der Festung stieg. Die Balkenlagen waren zwar vollständig verfault, hatten aber regelmässige Rinnen in den Steinlagen zurückgelassen und an ihren Kreuzungspunkten fanden sich die Eisennägel noch an Ort und Stelle. Nach diesen Anzeichen war die Mauer an dieser Stelle [1]) folgendermassen gebaut:

6 Meter lange und 32 — 35 cm ins Geviert messende, nicht genau vierkantig behauene Balken waren senkrecht zu dem Zuge der Mauer in regelmässigen Abständen von 2,70 m von Axe zu Axe wagerecht auf den Felsen gelegt. Diese durch die ganze Dicke der Mauer hindurchgehenden Querbalken wurden 1 m und 2,20 m von der Stirnseite der Mauer entfernt durch je eine Reihe von Längsbalken im rechten Winkel überblattet. Auf den Kreuzungspunkten waren Eisennägel von 32 cm Höhe und 14 - 16 mm Seitenbreite eingeschlagen.[2])

Die Zwischenräume der Balken füllten auf der Aussenseite, ganz wie Caesar es beschreibt, mächtige Steinblöcke aus, ebensolche Steine waren im Innern längs der Querbalken gelegt; dagegen bestand die innere Füllung bald aus kleineren Steinen, bald aus Erde.[3]) Über dieser ersten Balkenlage erhob sich in der ganzen, durch die Querbalken gegebenen Breite ein starkes Gemäuer von 1,80 m Höhe, das auf der Stirnseite aus fast unbearbeiteten, ohne Mörtel zusammengefügten Blöcken, im Innern aus Steinschlag oder grobem Kies bestand.

Eine zweite, der ersten ganz ähnliche Balkenschicht lag auf diesem Gemäuer, aber so, dass die Querbalken dieser Lage in regelmässigen Zwischenräumen mit denen der ersten wechselten. So folgte Lage auf Lage, bis die Mauer die gewünschte Höhe erreicht hatte.

---

[1]) Bei einem anderen Stücke derselben Mauer lagen Längs- und Querbalken regelmässig übereinander; vgl. Dictionnaire archéologique de la Gaule. Tf. 38, 3.

[2]) Bei den auf dem Mont Beuvray gefundenen Mauern sind die wagerechten und senkrechten Abstände der Balkenlagen geringer und nähern sich mehr den Angaben Caesars. (Vgl. Revue archéol. N. S. XX, Tf. 19; XXI, Tf. 6, 11.)

[3]) Vgl. die Grundrisse im Dictionnaire archéol. de la Gaule a. a. O; Revue archéol. 1886. a. a. O.; Desjardins a. a. O. II, S. 119.

Abb. 81. Waffenrelief von der Marmorbalustrade der Athenahalle zu Pergamon. Berlin, Altes Museum. (Nach Altertümer von Pergamon. Bd. II. Tf. XLVI, 2.) B. Von den dargestellten Waffen sind als gallisch zu betrachten die beiden übereinanderliegenden ovalen Schilde mit dem eigentümlichen, mehrfach erwähnten Buckel, von denen der obere und grössere ausser dem Rande noch mit „breiten, in der Mitte gebrochenen Streifen und einem ovalen Ringe" verziert ist, und der Kettenpanzer.[1]) Ausserdem erscheinen noch auf dem Relief eine Lanze, die den Schaft einer anderen kreuzt, der in Form eines Stierkopfes gebildete Schalltrichter einer paphlagonischen Trompete,[2]) über den beiden gallischen Schilden ein „hochgewölbter ovaler Schild mit einem laufenden Hunde" und unter ihnen ein zottiges Fell.

Abb. 82. a. b. Gallische Reiter vom Denkmal von Entremont bei Aix in der Provence. (Nach Duruy, histoire des Romains II, S. 111.) Im Jahre 1817 wurde durch M. Reynaud in Entremont einige Kilometer nördlich von Aix zwischen den Ruinen eines *oppidum* das „älteste Denkmal einheimischer Bildhauerkunst in Frankreich entdeckt, welches zugleich eins der interessantesten ist."[3]) Drei Seiten desselben sind mit Reliefs bedeckt: Die beiden (hier nicht abgebildeten) Aussenseiten zeigen in drei Reihen drei, bezw. sechs abgeschnittene Köpfe, die als Trophäen aufzufassen sind. Auf der Vorderseite sind in vier Reihen die Sieger dargestellt; drei davon sind hier abgebildet: Am besten erhalten ist die Gestalt in der obersten Reihe, ein Reiter, der im Schritt nach rechts reitet; bekleidet ist er mit dem gegürteten Chiton, die rechte Hand hält die mit der Spitze schräg gegen den Boden gekehrte Lanze. Auf der rechten Seite trägt er ein sehr langes, gerades, gleichmässig breites Schwert. Am Halse des Pferdes scheint ein abgeschnittener Kopf aufgehängt zu sein. In den zwei unteren Reihen sind zwei Reiter dargestellt, von denen der obere, der mit eingelegter Lanze nach rechts sprengt, beinahe vollständig erhalten ist. „Die Bewegungen der Reiter, besonders aber die der Pferde sind naturwahr." Dass die Reiter auf der Hauptseite Gallier sind, das

---

[1]) Über den „Schnitt der Kettenpanzer" vgl. Droysen a. a. O. S. 104 f.
[2]) Droysen a. a. O. S. 137.
[3]) Die Litteratur bei Desjardins, Géographie de la Gaule II, S. 111 ff.; auf dem auch die obige Beschreibung beruht.

beweisen ausser der mit den Berichten der Alten stimmenden Kleidung und Bewaffnung besonders die abgeschnittenen Köpfe am Halse des Pferdes und auf den Nebenseiten: Die Gallier hatten nämlich die Sitte, die Köpfe der getöteten Feinde an den Hälsen ihrer Pferde aufzuhängen[1]) und sie dann zu Hause zur Schau über der Hausthür anzunageln.[2])

Nachträge und Berichtigungen.

Durch ein zu spät bemerktes Versehen des Verfassers sind auf Seite 15 nach Zeile 7 v. u. folgende Zeilen ausgefallen:

Nicht so hoch stehen die anderen Auszeichnungen, wie die *hastae purae* (Abb. 4)[3]), *vexilla* in verschiedenen Farben (Abb. 4), silberne oder goldene Armbänder (*armillae*. Abb. 2; 9; 12), die von den Galliern (Abb. 64; 65) entlehnten *torques*, gedrehte Halsringe in Gold oder Silber, von denen die *t. minores* wahrscheinlich auf der Brust (Abb. 2; 9), die *t. maiores* um den Hals (Abb. 2) getragen werden[4]) und die *phalerae*: Letztere sind kreisförmige Scheiben aus Bronze-, Silber- oder Goldblech, teilweise mit Reliefs geschmückt, die mittels Ösen an einem über dem Panzer liegenden, gitterförmigen Riemengeflecht getragen werden.[5]) Ursprünglich haben die *phalerae* als Pferdeschmuck gedient (Abb. 12; 13).

---

[1]) Diodor V, 29, 4; Liv. X, 26, 11.
[2]) Strabo IV, 4, 5.
[3]) Vgl. A. Müller in Baumeisters Denkmälern d. kl. Altertums. S. 2063.
[4]) Vgl. Rein im Philolog. XXXIII, S. 661. Bell. Hisp. 26, 1 wird der Praefectus einer Turma mit 5 goldenen *torques* beschenkt.
[5]) „Wenn auch Caesar selbst gar keine Dekorationen mit Namen nennt und nur der Verfasser des bellum Hispaniense die Halskette erwähnt, so beweist doch die Inschrift des C. Canuleius, eines *evocatus* Caesars, dass zu jener Zeit die bei andern Historikern und Kriegschriftstellern vorkommenden militärischen Auszeichnungen auch verliehen wurden." Die Inschrift (C. J. L. I. No. 624) lautet: C (aius) Canuleius Q (uinti) f (ilius) leg (ionis) VII. evocat (us) mort (uus) est, aua (os) nat (us) XXV. donat (us) torq (uibus) armil (lis) phaler (is) coron tie.

Auf S. 9 ist folgendes nachzutragen:

quadruplici acie stellt Scipio einmal seine Truppen auf (b. Afr. 41, 2). Caesar selbst verfügte nie über so viele Truppen, um ein vollständiges viertes Treffen bilden zu können; „bei Pharsalus und Thapsus finden wir immer nur besonders bedrohte Stellen der Schlachtordnung durch eine dritte Reserve gedeckt" (Fröhlich a. a. O. III, S. 152).

Die Treffenabstände lassen sich aus b. c. I, 82, 4 annähernd berechnen (nach Stoffel a. a. O. Tf. 8 betrugen sie 34 Meter, nach Fröhlich a. a. O. 60 Meter); dabei ist aber zu bedenken, dass hier die Verhältnisse — es standen nur 666 röm. Fuss (rund 200 Meter) zur Verfügung — eine freie Entfaltung der Truppen nicht gestatteten. „Wo aber die Verhältnisse und das Gelände eine solche erlaubten, dürften sämtliche Abstände auch noch grösser gewesen sein. Ganz sicher wissen wir das von dem Abstand des letzten Treffens von dem Lager." (Vgl. Stoffel, a. a. O. II, S. 340—347.) Sehr bedeutend ist der Abstand zwischen dem ersten und zweiten Treffen im b. Afr. 38, 3 (er beträgt beinahe 400 röm. *passus*, ungefähr 600 Meter); doch bestand hier das erste Treffen ganz aus Reiterei, während das Fussvolk das zweite bildete (Fröhlich a. a. O. III, S. 152 ff).

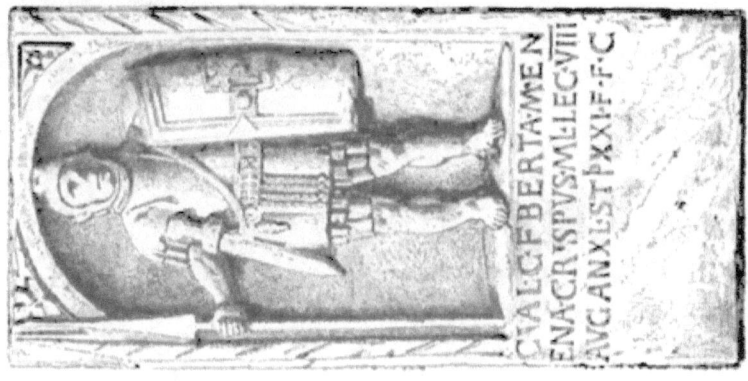

I

1. Grabstein eines gemeinen Legionars in Wiesbaden. D. 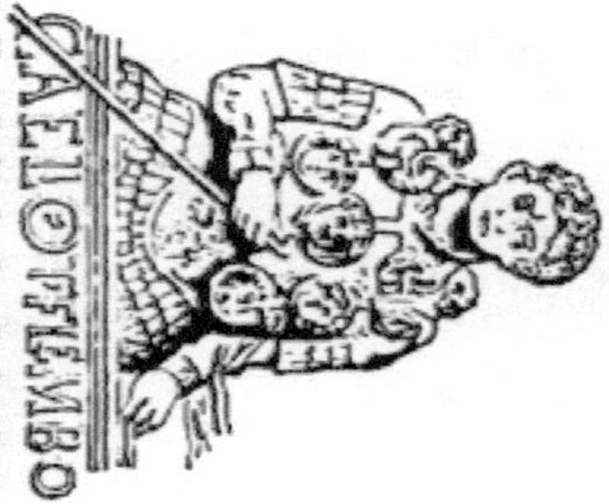
2. Vom Grabstein eines in der Varusschlacht gefallenen Vicecenturionen in Bonn. D. 
3. Mittelstück vom Grabstein eines Centurionen in Wien. B. 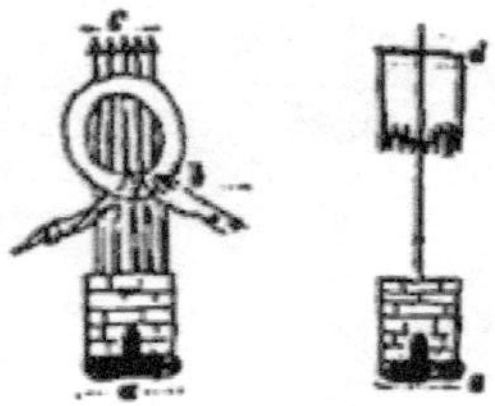
4. Ehrenzeichen vom Grabstein eines praefectus castrorum in Amasra am Schwarzen Meer. B. 
5. Signifer eines Manipels. Grabstein in Mainz. D.
6. Signum einer Auxiliarkohorte vom Grabstein eines signifer in Bonn. I. M.

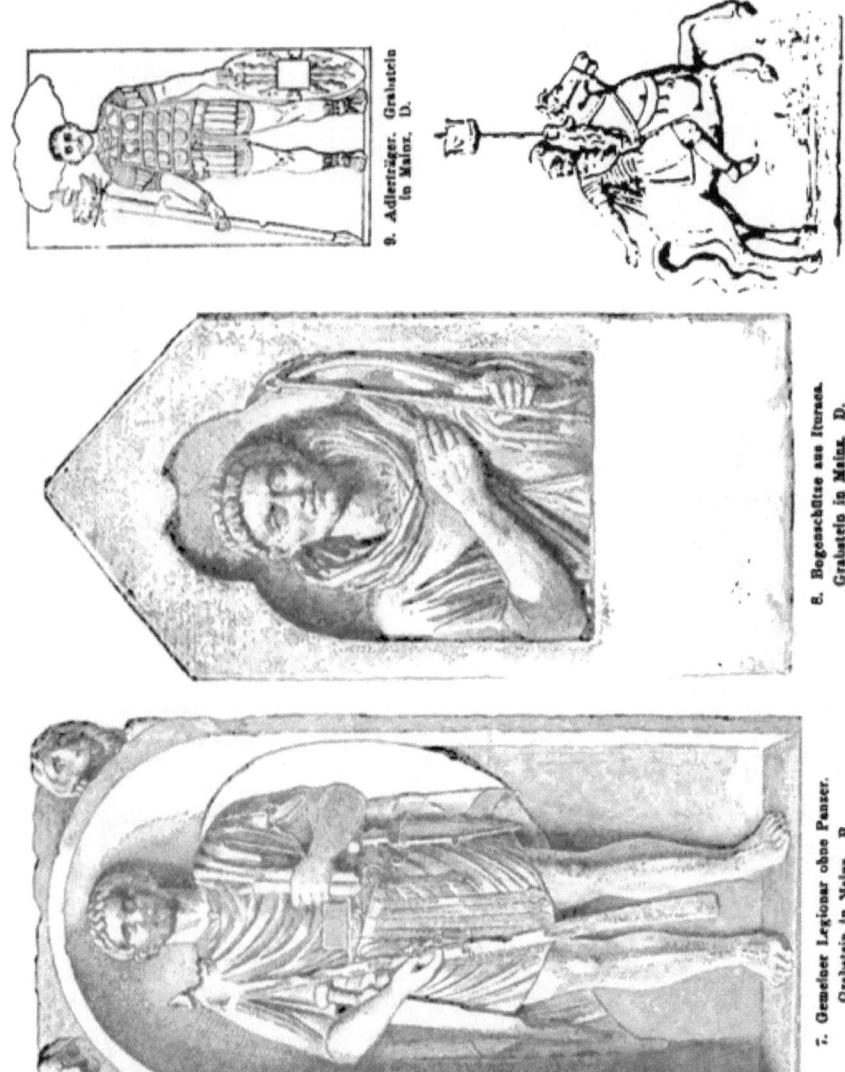

III

11. (Nach Cohen Mon. imp. I, 188 No. 96 pl. XII.) D. Kopf des Nero mit der corona triumphalis nach rechts. Bronzemünze.

12. Signifer einer Turma. Grabstein in Worms. B.

13. Römischer Auxiliarreiter. Grabstein in Mainz. D.

14. Consul zwischen zwei Lictoren, voraus ein accensus. Kehrseite einer Münze des Brutus im Cabinet de France. D.

15. Soldat der IV. Dalmatinischen Cohorte in leichter Tracht. Grabstein in Kreuznach. D.

IV

16. Augustus als Feldherr. Kolossale Marmorbildsäule aus Prima Porta im Vatikan. D.

V

17 a.

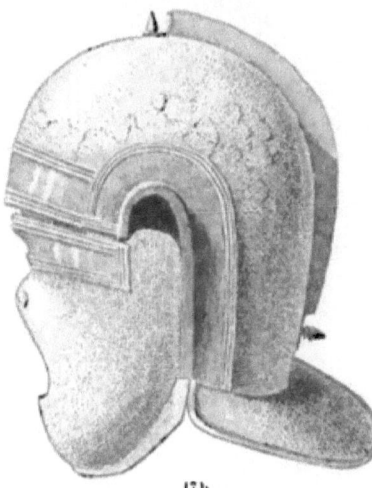

17 b.

17 a, b. Vorder- und Seitenansicht eines im Kastell
zu Niederbiber gefundenen römischen Helms.
Sammlung Neuwied. B.

18. Eisernes Drahtgeflecht von einem Kettenpanzer
(lorica hamata) in Mainz. B.

19. Rest eines ehernen Schuppenpanzers (lorica
squamata) aus Avenches. Privatsammlung in
Eichbühel bei Thun. B.

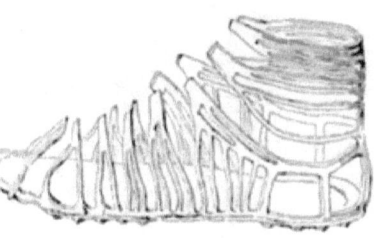

20. Soldatenstiefel (caliga) in Mainz. B.

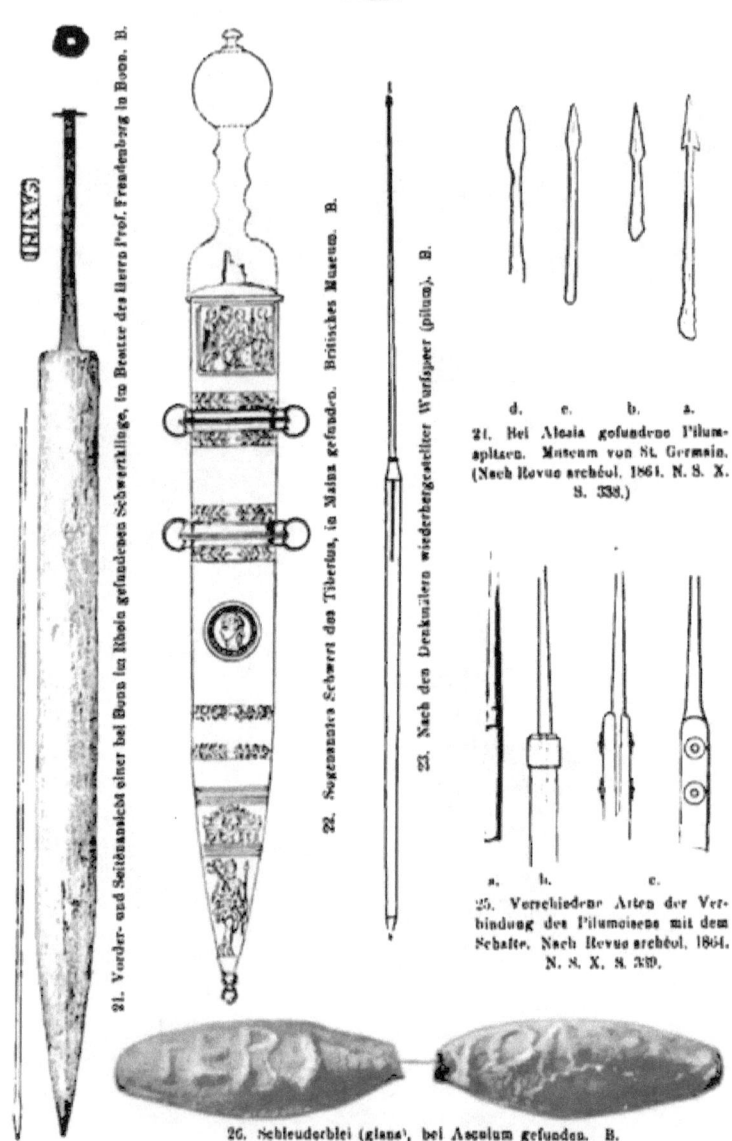

VII

27. Germanischer Hülfssoldat.
Von der Traianssäule. D.

28. Legionssoldaten im Plattenpanzer.
Von der Traianssäule. B.

29. Gepäckwagen und -karren. Relief der Marc Aurelssäule. D.

30. Agmen quadratum. Relief der Marc Aurelssäule. D.

VIII

31. Anlegung eines verschanzten Lagers. Relief der Traianssäule. D.

32. Traian spendet seinen Soldaten Geschenke. Relief der Traianssäule. D.

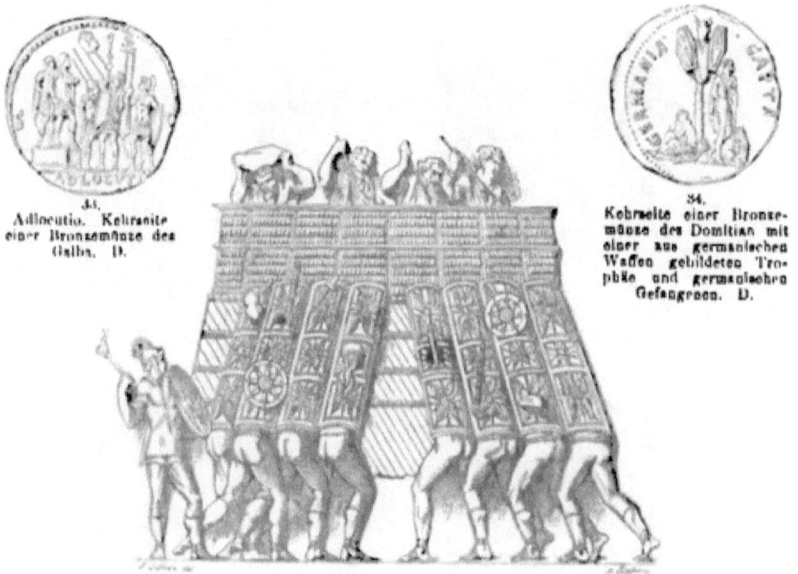

33. Adlocutio. Kehrseite einer Bronzemünze des Galba. D.

34. Kehrseite einer Bronzemünze des Domitian mit einer aus germanischen Waffen gebildeten Trophäe und germanischen Gefangenen. D.

35. Angriff auf eine germanische Befestigung. Relief der Marc Aurelsäule. D.

36. Römische Soldaten brennen ein germanisches Dorf nieder. Relief der Marc Aurelsäule. D.

X

37. Kriegsrat germanischer Fürsten. Relief der Marc Aurelssäule. D.

38. Germanische Reiter im Kampfe mit römischem Fussvolk. Relief der Marc Aurelssäule. D.

XI

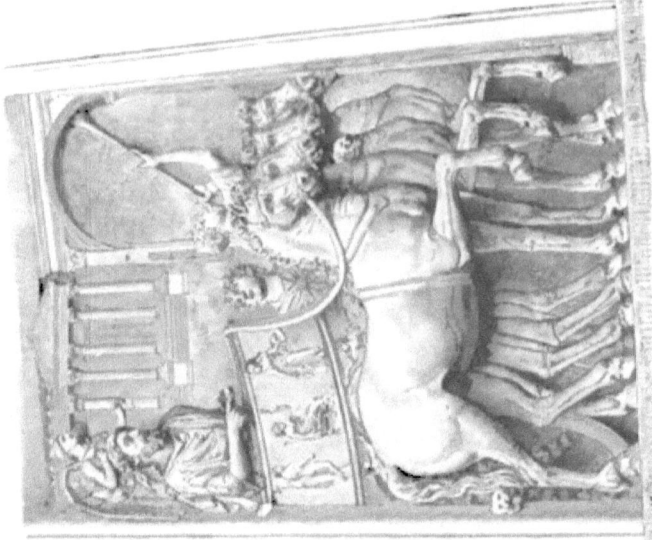

39. Triumphzug des Kaisers Marcus Aurelius. Flachrelief im Conservatorenpalast zu Rom. D.

40. Decursio der Ritterschaft und der Leibwache um den Scheiterhaufen des Kaisers. Hochrelief vom Fussgestell der Säule des Antoninus Pius im Giardino della Pigna des Vatikan. D.

XII

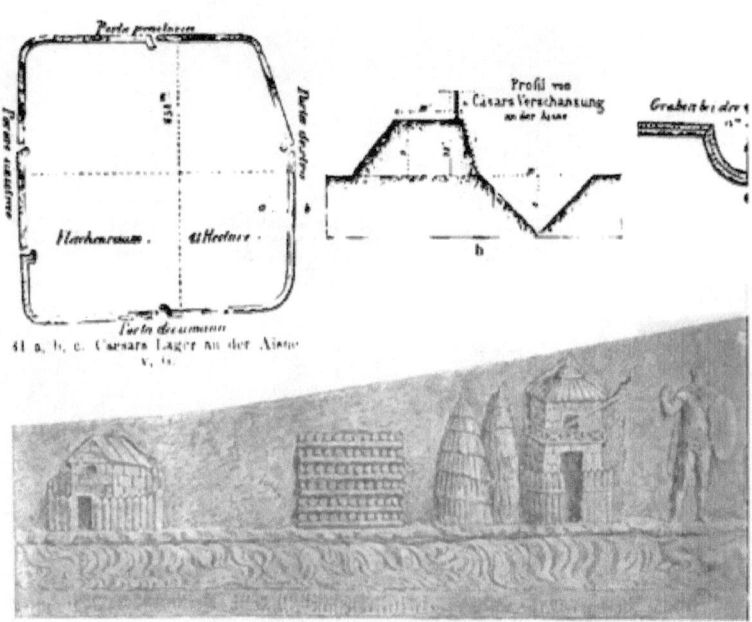

46. Befestigte Vorratshäuser und Blockhäuser (castella). Relief der Trajanssäule
Nach Hertzberg, Geschichte des römischen Kaiserreiches.

47. Das römische Heer geht auf einer Schiffbrücke über die Donau. Relief

XIII

42. Der Hafen von Ostia. Kehrseite einer Bronzemünze des Nero. D.

43. Mit Truppen beladenes Schiff. Kehrseite einer Bronzemünze des Hadrian. D.

44. Mit Truppen beladenes Schiff. Kehrseite einer Bronzemünze des Constantin (?). D.

45. Der Kaiser bringt im Lager ein Opfer dar. Relief der Trajanssäule. L.

der Trajanssäule. Nach Hertzberg, Geschichte des römischen Kaiserreiches.

XIV

47. Caesars Rheinbrücke. Wiederherstellung im Museum von St. Germain. D.

XV

49. Caesars Rheinbrücke. Wiederherstellung im Museum von St. Germain. D.

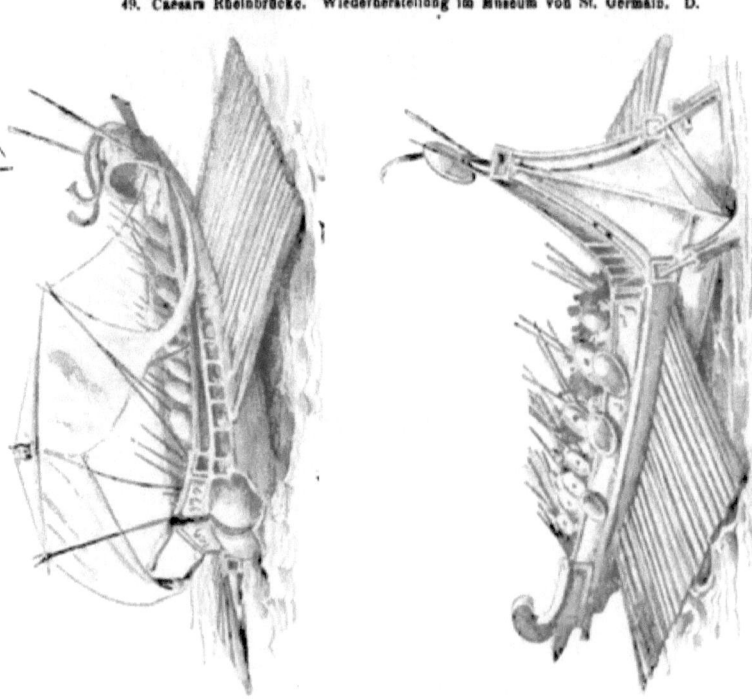

50. 51. Zwei Schiffe aus der Darstellung einer römischen Naumachie. Wandgemälde im Tempel der Isis zu Pompeji. D.

XVI

52. Trajans Donaubrücke. Relief der Trajanssäule. D.

53. Kaiserliche Biremis. Relief der Trajanssäule. D.

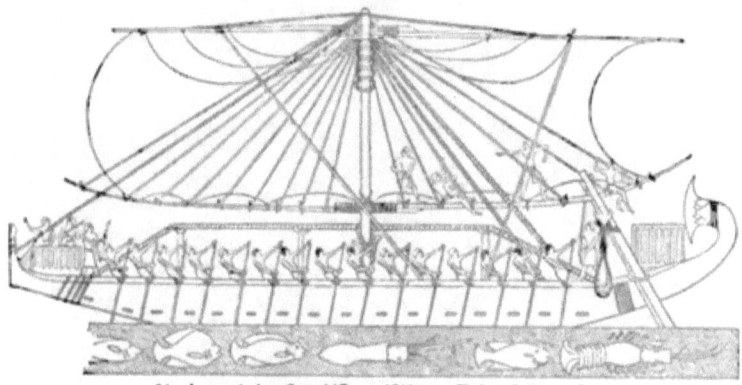

54. Aegyptisches Seeschiff um 1700 vor Christi Geburt. B.

XVII

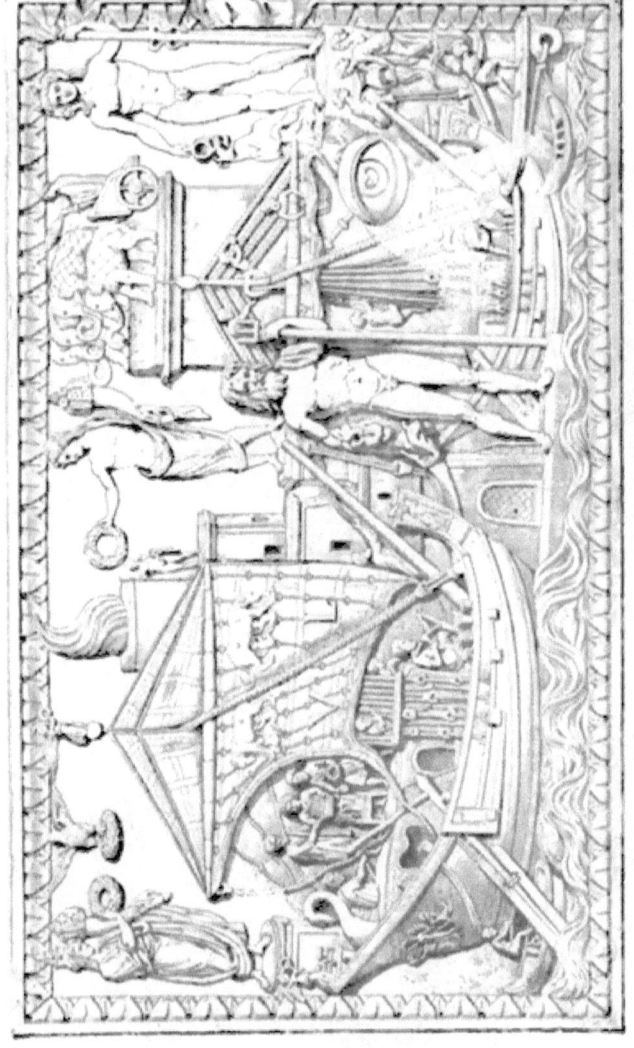

55. Römische Kauffahrer im Hafen von Portus. Flachrelief des Museo Torlonia zu Rom. B.

XVIII

56. Katapulte. Nach Köchlys Angaben
wiederhergestellt von Deimling. B.

58. Schütteschildkröte. Zeichnung in einer
alten Handschrift. B.

59. Brechschildkröte. Zeichnung in einer
alten Handschrift. B.

57. Balliste. Nach Köchlys Angaben
wiederhergestellt von Deimling. B.

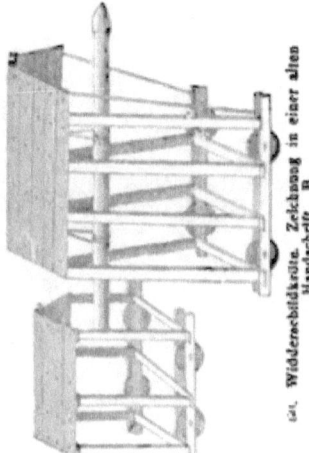

60. Widdersebildkröte. Zeichnung in einer alten Handschrift. B.

XIX

61. Bau eines agger. Gefecht im Walde. Relief der Traianssäule. R.

62. Wiederherstellung des vor Avaricum errichteten agger. Museum von St. Germain. D.

63. Profil der von Caesar vor Alesia angelegten Verschanzungen mit ihren Annäherungshindernissen. Wiederherstellung im Museum von St. Germain. D.

XXI

64. Gallische Gottheiten am Altar von Reims. D.

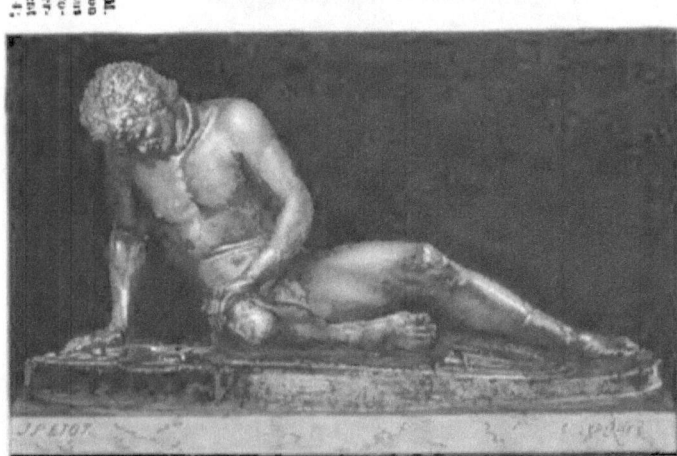

65. Sterbender Gallier, Marmorbildsäule im kapitolinischen Museum zu Rom. D.

66. Kehrseite eines Denars des M. Furius; 67 und 68 Kehrseiten von Denaren des C. Julius Caesar mit aus gallischen Waffen gebildeten Tropäen. Nach M. de Lagoy, recherches numismatiques sur l'armement de guerre des Gaulois. Tf. II N. 4, 11 und 8.

69. Ausstürmender gallischer Krieger. Kehrseite einer geprägten Kupfermünze von Ariminium. Nach Catalogue of the greek coins in the British Museum. Italy S. 25.
70. Gallischer Feldzeichenträger. Kehrseite einer Silbermünze der Aeduer. Nach Dictionnaire des antiquités de la Gaule, Münztafeln no. 66.
71. Kehrseite eines Denars des C. Julius Caesar mit einer aus britannischen Waffen gebildeten Trophäe. Nach de Lagoy a. a. O. Tf. II N. 12.

XXII

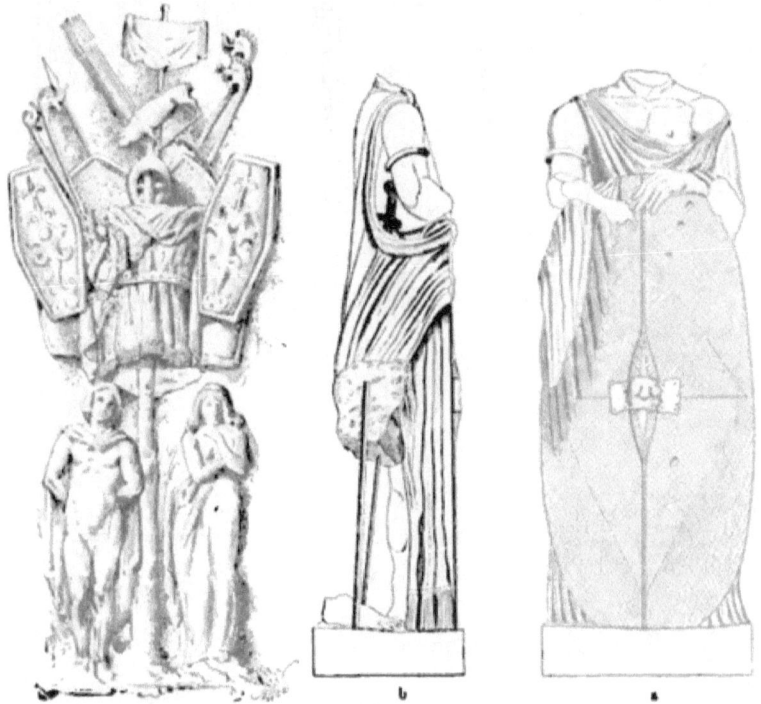

72. Gallische Helme (a vom Triumphbogen von Orange; b u. c vom Denkmal der Julier zu St. Remy.) D.

73. Gallische Gefangene unter einer aus gallischen Waffen gebildeten Trophäe. Vom Triumphbogen von Orange. D.

74. a u. b. Vorder- und Seitenansicht der Bildsäule eines gallischen Kriegers im Museum Calvet zu Avignon. Nach Dictionnaire archéologique de la Gaule.

7 10 6 8

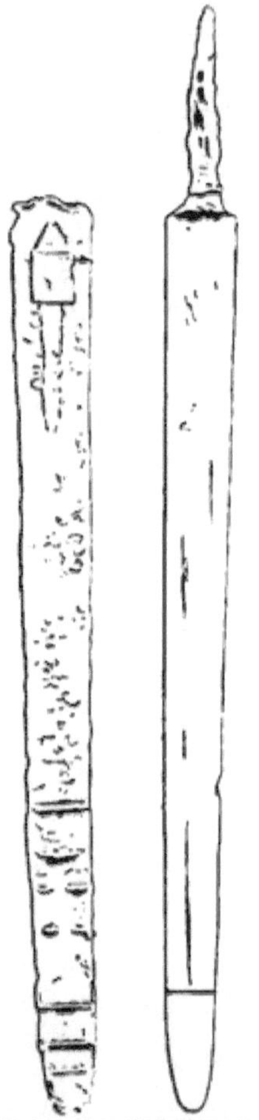

75. Eisernes gallisch. Schwert und Scheide, gefunden bei Alesia. Museum von St. Germain. Nach Revue archéologique 1864. S. 346, Abb. 16.

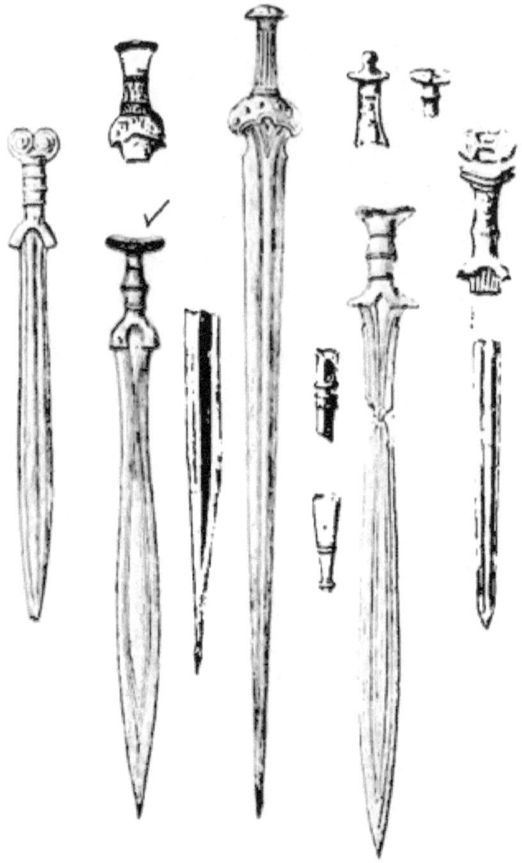

5 4 9 3 11 2 1

76. Gallische Bronzeschwerter aus verschiedenen Museen. D.

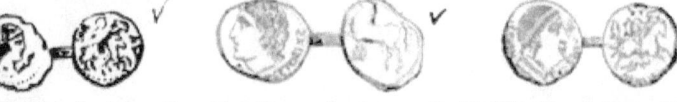

77. Silbermünze der Aeduer. D.

78. Goldmünze der Arverner. D.

79. Silbermünze der Lemoviker. D.

XXIV

80. Gallische Mauer von Murceint bei Cahors. (Lot).
Wiederherstellung im Museum von St. Germain. D.

81. Gallischer Panzer und gallische Schilde auf
einem Relief v. der Marmorbalustrade der Athenahalle zu Pergamon. Berlin, Altes Museum. H.

82 a u. b. Gallische Reiter vom Denkmal von
Entremont bei Aix in der Provence. Museum von
Aix. Nach Duruy, histoire des Romains II, S. 474.

XXV

1.

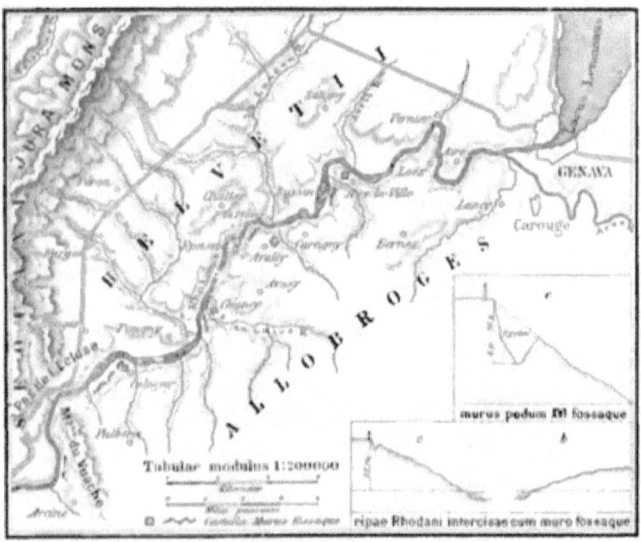

Murus fossaque a lacu Lemanno ad Juram montem bell. Gall. I, 8.
Nach Napoléon, Geschichte Julius Caesars. Atlas Tf. 3.

2.

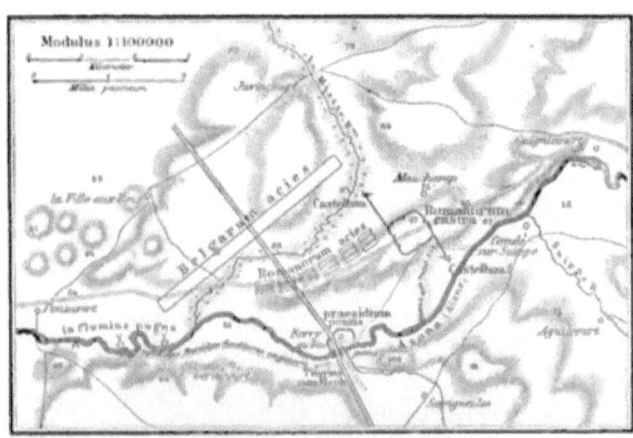

Ad Axonam Pugna bell. Gall. II, 6–10.
Nach Napoléon, Geschichte Julius Caesars. Atlas Tf. 8.

XXVI

3.

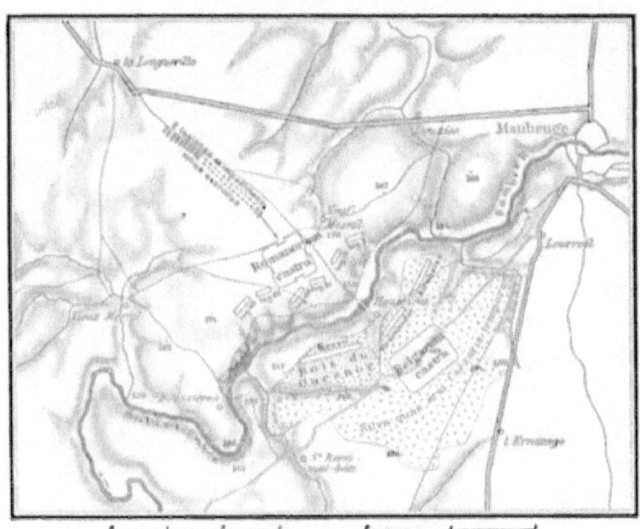

Nerviorum Clades bell. Gall. II 16-27.
Nach Napoléon, Geschichte Julius Caesars. Atlas Tf. 10.

4.

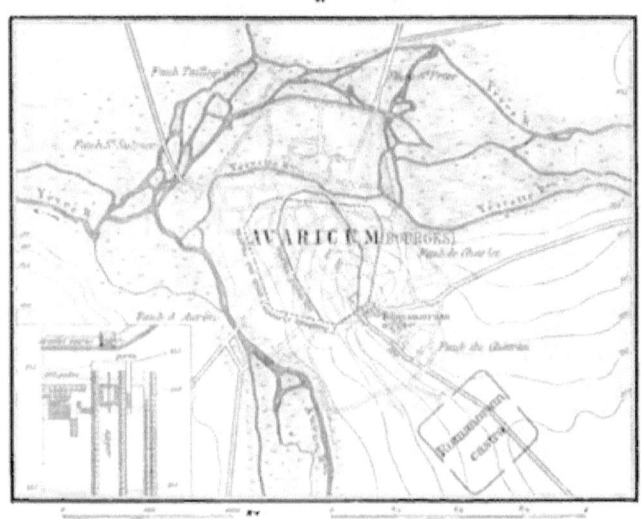

Avaricum bell. Gall. VII. 18-31.

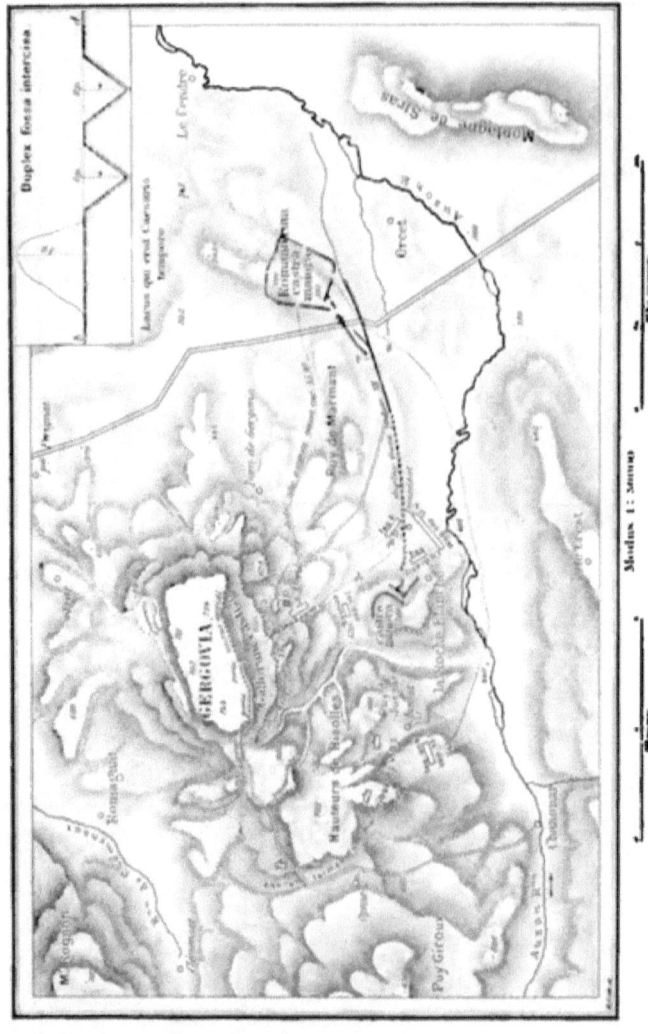

Gergovia bei Gall. VII, 36–53.
Nach A. von Kampen, Descriptiones nobilissimorum apud classicos locorum Ser. I, Tf. 10.

XXVIII

6.

Labieni expeditio bell. Gall. VII, 57-62.

Nach A. von Kampen, Descriptiones nobilissimorum apud classicos locorum Ser. I. Tf. 11.

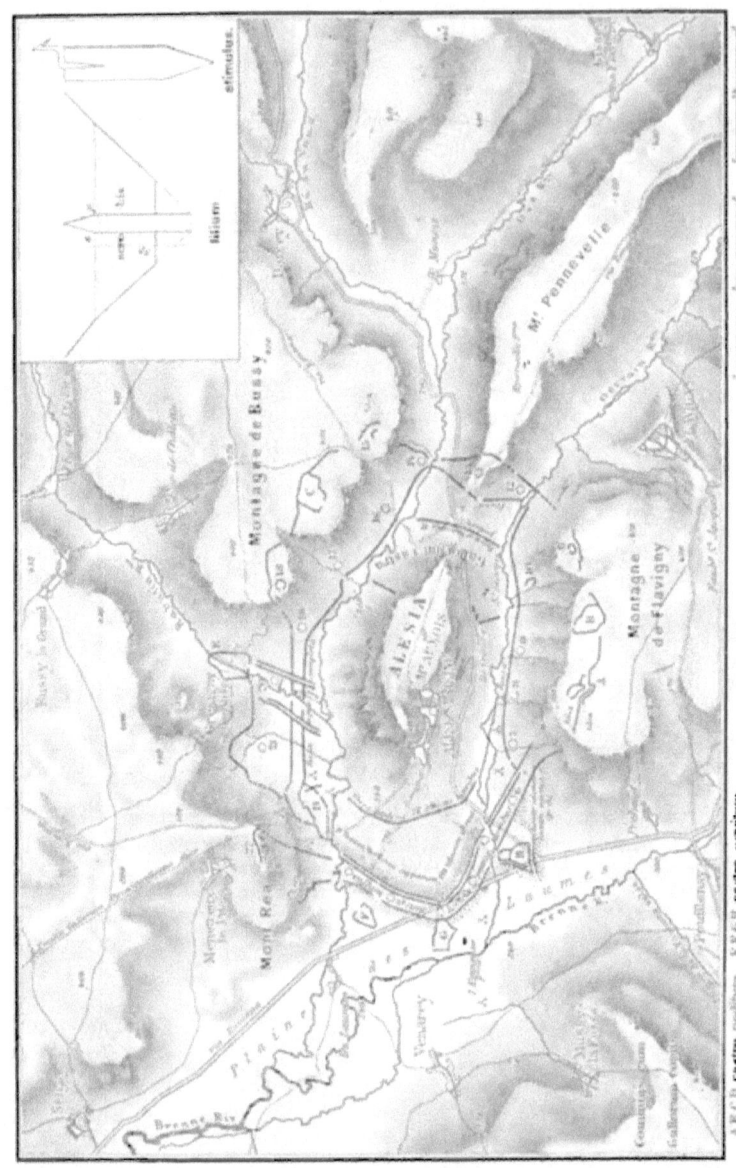

www.ingramcontent.com/pod-product-compliance
Lightning Source LLC
Chambersburg PA
CBHW020141170426
43199CB00010B/830